高职新商科专业变革
从模式创新到建设实务

龙 洋 / 主编
赵晓燕 杜丽臻 / 副主编

电子工业出版社
Publishing House of Electronics Industry
北京·BEIJING

内 容 简 介

本书主要分析了在产教融合时代要求下高职新商科的专业变革之路。首先，梳理了产教融合的形势政策、现代服务业的发展现状及人才需求；其次，基于产业发展和政策要求，对高职商科的发展架构及文化技术的双重赋能进行了专业化阐述；最后，从培养模式、培养方案、课程创新、三教改革、双元育人和教学管理维度全方位介绍了新商科的专业变革模式及典型做法。希望本书能够指导相关院校和专业进行改革创新，对推动高职新商科的职普融通、产教融合、科教融汇产生积极的作用。

本书的读者包括应用型本科及高职院校的管理者、商科应用型人才培养的学科专业教师、职业教育研究者等。

未经许可，不得以任何方式复制或抄袭本书之部分或全部内容。
版权所有，侵权必究。

图书在版编目（CIP）数据

高职新商科专业变革：从模式创新到建设实务 / 龙洋主编. —北京：电子工业出版社，2023.9
ISBN 978-7-121-46471-3

Ⅰ. ①高… Ⅱ. ①龙… Ⅲ. ①高等职业教育－专业设置－学科建设－研究－中国 Ⅳ. ①G718.5
中国国家版本馆 CIP 数据核字（2023）第 182686 号

责任编辑：曲　昕　　　　　　特约编辑：田学清
印　　刷：天津嘉恒印务有限公司
装　　订：天津嘉恒印务有限公司
出版发行：电子工业出版社
　　　　　北京市海淀区万寿路 173 信箱　　邮编：100036
开　　本：720×1 000　　1/16　　印张：12　　字数：192 千字
版　　次：2023 年 9 月第 1 版
印　　次：2023 年 9 月第 1 次印刷
定　　价：98.00 元

凡所购买电子工业出版社图书有缺损问题，请向购买书店调换。若书店售缺，请与本社发行部联系，联系及邮购电话：(010) 88254888，88258888。
质量投诉请发邮件至 zlts@phei.com.cn，盗版侵权举报请发邮件至 dbqq@phei.com.cn。
本书咨询联系方式：(010) 88254468，quxin@phei.com.cn。

前言
FORWORD

推动高质量发展是"十四五"时期经济社会发展的主题。《高举中国特色社会主义伟大旗帜 为全面建设社会主义现代化国家而团结奋斗——在中国共产党第二十次全国代表大会上的报告》提出:"构建优质高效的服务业新体系,推动现代服务业同先进制造业、现代农业深度融合。""十四五"时期,北京市将加快建设国际消费中心城市,坚持新发展理念,坚持扩大内需,不断增强消费对经济发展的基础性作用,推动商业服务业高质量发展,并推动消费提质扩容,优化重点设施空间布局,持续提升生活性服务业品质,推进商务领域城市更新,加强品牌建设,推动数字化发展,推动京津冀协同发展。而服务业产业升级和高质量发展需要高质量商科职业教育的支撑。

北京财贸职业学院 60 余年来根植财贸行业办学,专业服务的主要产业——现代服务业是北京市经济发展的支柱产业。近年来,北京市现代服务业占 GDP 的比重不断提升,商务服务、金融服务快速增长,是全国首个服务业扩大开放综合试点城市,也是全国服务产业链的制高点和全球商贸大集团的总部基地。北京城市副中心以行政办公、商务服务、文化旅游和科技创新为主导功能,运河商务区和文化旅游区为北京市现代服务业的发展提供了新的承载空间。其中,运河商务区正在加快建设以金融创新、互联网产业、高端服务为重点的综合功能片区;文化旅游区以北京环球主题公园及度假区为主,重点发展文化创意、旅游服务和会展等。作为区域内唯一一所商科类高职院校,北京财贸职业学院开办的财经商贸、文化旅游、建筑管理等专业大类与副中心产业结构高度契合,为学校改革发展提供了巨大的空间。

当前,以大数据、人工智能、云计算和区块链等为代表的新一代信息技术带来了商业模式的巨大创新,直播电商、自媒体营销等如火如荼。在新技术、新商业模式、新商业业态的相互作用下，传统商科迭代升级，以数字经济为核心要素，以交叉、复合为核心特征的新商科应运而生。北京财贸职业学院立足北京市现代服务业的转型升级，精准对接数字经济背景下北京市高端商务、商业、文化旅游业的高质量发展，开办了财经商贸、文化旅游、建筑管理等领域的 20 多个专业。其中，智慧财经、现代商旅服务是中国特色高水平高职院校骨干专业（群），科技金融、智慧会计、智慧商业、文化旅游、智慧建管是北京市特色高水平骨干专业（群），连锁经营管理、物流管理和导游是国家级示范专业，菜百商学院等 5 个工程师学院入选北京市特色高水平职业院校工程师学院建设名单。

2019 年以来，北京财贸职业学院扎实推进双高校和专业（群）建设，改革发展进入快车道，当选为中国职业技术教育学会智慧财经专业委员会轮值主任单位，学校 10 位教师入选新一届 9 个行（教）指委。学校牵头制定了 2021 年教育部财经商贸大类新版专业目录，在新一轮职业教育国家教学标准的修（制）订中，学校共有 25 人、31 人次参与修（制）订专业 21 个，占整个财经商贸大类修（制）订专业的 45.45%；开发的高职专业教学标准国际化操作指南，在中国国际服务贸易交易会上发布，受到新闻媒体和教育部领导的高度关注。

专业群建设是"双高计划"建设的重中之重，自 2019 年入选国家"双高计划"专业群建设单位以来，北京财贸职业学院以双高专业群建设为依托，以专业群建设任务和绩效目标为依据，系统开展了新商科专业群建设模式的研究、实践、总结和推广工作，形成了一整套阶段性成果。学校自主研发了专业"六度"核心竞争力评价体系，牵头组织并完成了《北京现代服务业人才需求与专业契合度分析报告》，形成了与现代服务业产业结构相契合的专业群体系，5 个专业群（科技金融、智慧会计、智慧商业、文化旅游、智慧建管）被列入北京市"特高"建设计划，2 个专业达到英国资历框架（RQF）五级和欧洲资历框架（EQF）五级水平，2 个专业率先通过国际专业标准评估认证；开展了人才培养模式改革，形成了"六对接""六双递进"特色鲜明的人才培养模式和模块化书证融通课程体系；承担了 2 项"智慧财经与数字商贸专业群建设标准研究"，通过承办"说专业·说课程·说专业群"活动将新商科专业群建设的经验和成果向全国推广。

前言

本书是对北京财贸职业学院相关实践成果的系统整理和归纳，既有理论研究的创新性成果，也有建设实务的经验介绍。首先，本书从职业教育改革的逻辑起点——产教融合的时代要求出发，分析产教融合的形势政策、现代服务业的发展现状及人才需求，由此展开对高职商科发展架构的阐述；其次，本书以北京财贸职业学院围绕新商科专业群建设和人才培养模式改革所开展的实践为主线，从理论到实施要务，对双重赋能、培养模式、培养方案、课程创新的核心内容进行层层递进和穿针引线式的阐述；最后，本书对专业群建设中涉及的三教改革、双元育人、教学管理进行了各有侧重的论述，做到理论联系实际。本书内容体系完整、逻辑清晰、重点突出，尤其对北京财贸职业学院多年来开展的专业群建设创新经验进行了系统归纳、整理，包括具有自主知识产权的专业"六度"核心竞争力评价体系，以及开展专业与产业契合度分析的研究和实践成果等，使本书具有很强的实践参考价值。各相关学校、专业群可在本书提供的指标体系、案例、实施方案等的基础上，改造并形成适合自身需要的专业群建设方案和文件。

本书由龙洋主编，赵晓燕、杜丽臻为副主编。书中总结的成果是北京财贸职业学院多年来开展专业群建设与改革的经验性总结，是集体智慧的结晶。在此特别感谢学校前院长王茹芹教授、王成荣教授等所开展的开创性工作，特别感谢杨宜院长的顶层规划与战略部署。本书的编写更是得到了副院长李宇红教授的亲自指导，很多改革工作都是在她的带领下得以开拓和推进，并提炼形成经验性成果的。同时，还要感谢学校其他领导、教师，学校相关部门负责人及合作企业相关专家的支持和帮助。本书的出版得到了电子工业出版社等单位的大力支持，在此一并表示感谢。受实践所限，书中难免存在一些问题，还请各位读者不吝指出，以帮助我们改进和提高。

龙洋

2023 年 8 月

目 录

第一章 产教融合的时代要求 ……………………………………………… 1

  1.1 产教融合的形势政策 …………………………………………………… 3
      一、职业教育产教融合的思想起源 ………………………………… 3
      二、职业教育产教融合的政策走向 ………………………………… 5
  1.2 现代服务业的发展现状 ………………………………………………… 8
      一、现代服务业的概念与分类 ……………………………………… 8
      二、现代服务业的政策发展 ………………………………………… 9
      三、现代服务业的发展态势与技术升级 …………………………… 11
  1.3 现代服务业的人才需求 ………………………………………………… 14
      一、产业升级的人才需求特征 ……………………………………… 14
      二、产业新职业的人才需求特征 …………………………………… 16
      三、产业对人才的学历需求特征 …………………………………… 17

第二章 高职商科的发展架构 ……………………………………………… 19

  2.1 中国服务与国家战略 …………………………………………………… 20
      一、中国服务的提出及内涵 ………………………………………… 20
      二、中国服务的产业发展基础 ……………………………………… 21
  2.2 高职新商科的整体构想 ………………………………………………… 22
      一、新商科的内涵 …………………………………………………… 22
      二、高职新商科的建设路径 ………………………………………… 23
  2.3 专业"六度"核心竞争力 ……………………………………………… 25
      一、专业核心竞争力概述 …………………………………………… 25
      二、专业核心竞争力建设 …………………………………………… 27
      三、专业核心竞争力的培育策略 …………………………………… 36
  2.4 契合产业的专业结构 …………………………………………………… 38

一、专业设置与产业需求契合度基本原理 ·················· 38
　　二、产教匹配专业结构调整的北京财贸职业学院实践 ········ 39

第三章　文化技术的双重赋能 ·· 44
　3.1　新商科文化技术转向 ·· 45
　3.2　新商科专业文化赋能 ·· 48
　　一、文化赋能专业建设思路 ···································· 48
　　二、文化赋能教学模式改革 ···································· 49
　3.3　新商科专业技术赋能 ·· 54
　　一、技术赋能专业建设思路 ···································· 54
　　二、技术赋能教学模式改革 ···································· 55

第四章　人人成才的培养模式 ·· 58
　4.1　个性化人才的扬长教育 ······································ 59
　　一、探索扬长教育理念 ·· 59
　　二、树立扬长教育质量观 ······································ 60
　　三、实践扬长教育育人机制 ···································· 61
　4.2　贯通型人才的纵向打通 ······································ 66
　　一、高端技术技能人才培养的改革试验 ·························· 66
　　二、贯通型人才培养的指导思想及培养目标 ······················ 67
　　三、贯通型人才培养的基本原则及基本方式 ······················ 69
　　四、贯通型人才培养的教学管理及学籍管理 ······················ 70
　　五、贯通型人才培养的北京财贸职业学院特色 ···················· 71
　4.3　高层次人才的研学结合 ······································ 72
　　一、研学结合的内涵界定及意义 ································ 72
　　二、研学结合教学改革实施的背景及必要性 ······················ 73
　　三、研学结合教学改革实施的路径 ······························ 79
　4.4　现代学徒制人才的双重培养 ·································· 81
　　一、现代学徒制发展的政策要求 ································ 81
　　二、现代学徒制专业教学标准的制定 ···························· 82

第五章　成果导向的培养方案 ··· 85

5.1　成果导向的编制原则 ··· 86
一、成果导向的培养方案的修订背景 ··· 86
二、成果导向的培养方案的内容设计 ··· 86

5.2　源于岗位的培养面向 ··· 90
一、培养面向的制定基础 ··· 90
二、培养面向的内容分析 ··· 90
三、培养面向的内容依据 ··· 92

5.3　体现特色的培养规格 ··· 93
一、培养规格分析的技术路径 ··· 94
二、培养规格的内容依据 ··· 94

5.4　支撑定位的课程体系 ··· 98
一、课程体系的多方共建 ··· 98
二、课程体系的构建逻辑 ··· 99

第六章　因势利导的课程创新 ··· 102

6.1　课程改革的制度设计 ··· 103
一、课程标准的制定原则 ··· 103
二、课程标准的主要内容 ··· 104
三、高职人文素养课程和职业平台课程专项开发 ··· 106
四、职业平台课程、职业核心能力课程、技能大赛转化项目、实训室开放项目建设 ··· 108
五、课程综合改革 ··· 109
六、课程思政专项建设校级教学改革 ··· 109

6.2　课程思政的"最美课堂" ··· 110
一、"最美课堂"的建设方法 ··· 111
二、"最美课堂"的成效评价 ··· 112

6.3　双重赋能的课程建设 ··· 114

6.4　扬长教育的课程设计 ··· 115
一、FVC 扬长教育学业指导方案 ··· 115

二、"路径通达"的扬长教育课程体系 ·· 116
　　三、"支持发展"的扬长教育教学体系 ·· 116
　　四、"双专"结构的扬长教育学业导师队伍 ·· 118
6.5　研学结合的课程内容 ·· 118
　　一、研学结合课程的建设背景 ··· 118
　　二、研学结合课程的实施成果 ··· 119
　　三、研学结合课程的持续推进 ··· 119
6.6　贯通培养的课程体系 ·· 120
　　一、贯通培养的课程体系设计 ··· 120
　　二、贯通培养项目的实施效果 ··· 122

第七章　创新争先的三教改革 ··· 123

7.1　打造教师教学创新团队 ·· 124
　　一、教师教学创新团队的建设措施 ··· 124
　　二、校内教师队伍的强化建设 ··· 125
7.2　校企共育全国优秀教材 ·· 125
　　一、校企共育全国优秀教材的建设思路 ··· 126
　　二、智慧财经新型教材的开发路径 ··· 127
　　三、教材建设与应用的常态化管理 ··· 127
7.3　推动教师教学能力比赛 ·· 128
　　一、教师教学能力提升专项行动 ··· 128
　　二、"财贸好课堂"专项比赛 ··· 129
7.4　混合式教学改革的课堂革命 ·· 130
　　一、混合式教学的类型 ··· 130
　　二、混合式教学改革的范围 ··· 130
　　三、教学实施与管理 ··· 131

第八章　产教融合的双元育人 ··· 133

8.1　"三联合、三对接、三融通"的校企双元育人 ·································· 134
　　一、"三联合、三对接、三融通"的内涵 ··· 135
　　二、"三联合、三对接、三融通"的目标 ··· 135

三、"三联合、三对接、三融通"的具体做法……………………………… 135

8.2 "一个平台、三端发力、四种模式"的校企协同育人……………… 140
  一、"一个平台、三端发力、四种模式"的释义………………………… 140
  二、"四种模式"的主要做法及实例……………………………………… 142
  三、"一个平台、三端发力、四种模式"的人才培养成效及经验……… 145

8.3 "智能化、共享型、体验性"的实训基地建设……………………… 147
  一、建设"智能化、共享型、体验性"实训基地的必要性……………… 147
  二、"智能化、共享型、体验性"的校内实训基地建设………………… 148
  三、"智能化、共享型、体验性"的校外实训基地建设………………… 154
  四、全方位育人下的实训实习标准………………………………………… 158

第九章 全面保障的教学管理……………………………………………… 161

9.1 教学管理体系建设………………………………………………………… 162
  一、教学组织管理…………………………………………………………… 162
  二、教学过程管理…………………………………………………………… 165
  三、教学质量管理…………………………………………………………… 167
  四、教学团队管理…………………………………………………………… 168
  五、教学管理信息化建设…………………………………………………… 170

9.2 教学管理制度创新………………………………………………………… 171
  一、教学运行管理模式……………………………………………………… 172
  二、1+X 证书制度试点……………………………………………………… 177

第一章

产教融合的时代要求

近年来，产教融合、校企合作已成为职业教育的核心议题，国家层面相继出台了一系列纲领性文件，以促进教育链、人才链与产业链、创新链之间的深度融合，解决人才供给侧与社会需求侧的结构性失衡问题，从而推动产业系统与高等教育系统的系统性改革。《高举中国特色社会主义伟大旗帜　为全面建设社会主义现代化国家而团结奋斗——在中国共产党第二十次全国代表大会上的报告》（以下简称"党的二十大报告"）明确了教育的发展方向："统筹职业教育、高等教育、继续教育协同创新，推进职普融通、产教融合、科教融汇，优化职业教育类型定位。"此外，2023年1月12日在京召开的"2023年全国教育工作会议"中也明确指出："以深化产教融合为重点、推动职普融通为关键、促进科教融汇为新方向，构建'一体两翼'工作格局推动职业教育提质升级，通过服务学生全面发展、服务经济社会发展引领职业教育人才培养，为各类人才搭建发展成长的有效通道。"产教融合、校企合作既是国家产业结构转型升级对职业教育提高人才培养质量的迫切要求与现实需要，也是实现职业教育内涵式、高质量发展的时代诉求。

从经济结构调整和产业升级发展来看，当前我国劳动密集型产业减少，资本技术密集型产业增加；低技术产业减少，高新技术产业增加；低附加值产品减少，高附加值产品增加；从高能耗、高污染向低能耗、低污染转变；从粗放型经营向集约型经营转变。在经济转型、产业升级的关键时期，迫切需要加强人力资源开发，培养知识型、技能型、创新型劳动者大军，为经济发展提供新动力。经济的高质量发展对人力资源的高质量供给提出了需求。

从职业教育自身的发展阶段与发展要求来看，我国学龄人口断崖式下降，老百姓对教育的需求从"有学上"进入"上好学"的新阶段。2019年，国务院印发了《国家职业教育改革实施方案》，这份被喻为"职教20条"的文件第一次明确了职业教育是一种类型教育。同年，教育部启动职业教育的"双高计划"，用一批特色高水平的高职学校和专业群的建设来引领职业教育的改革发展与整体质量的提升。2020年，党的十九届五中全会审议通过的《中共中央关于制定国民经济和社会发展第十四个五年规划和二〇三五年远景目标的建议》明确了"建设高质量教育体系"的政策导向,其中对职业技术教育做出了"加大人力资本投入,增强职业技术教育适应性,深化职普融通、产教融合、校企合作,探索中国特色学徒制,大力培养技术技能人才"的重点要求。2021年,党中央和国务院召开了全国职业教育大会,会上传达了习近平重要指示:"在全面建设社会主义现代化国家新征程中,职业教育前途广阔、大有可为。要坚持党的领导,坚持正确办学方向,坚持立德树人,优化职业教育类型定位,深化产教融合、校企合作,深入推进育人方式、办学模式、管理体制、保障机制改革,稳步发展职业本科教育,建设一批高水平职业院校和专业,推动职普融通,增强职业教育适应性,加快构建现代职业教育体系,培养更多高素质技术技能人才、能工巧匠、大国工匠。"全面开启了新时代职业教育现代化的新征程。

从产教供需结构性匹配来看,目前职业教育与产业发展仍是"两张皮",特别是职业院校专业设置与产业的匹配度不高,主要体现在专业结构与产业结构不匹配,专业规模与产业规模严重脱节,专业水平不足以支撑区域产业经济的人才需求三个方面。立足区域经济高质量发展,探索职业教育与经济产业深度融合发展是新时代职业教育改革和治理的重要任务之一。

1.1 产教融合的形势政策

一、职业教育产教融合的思想起源

我国职业教育产教融合思想早在 20 世纪初便已产生。1917 年,我国著名的教育家、职业教育的先行者黄炎培先生在《中华职业教育社宣言书》中指出:"夫职业教育之目的,一方为人计,曰以供青年谋生之所急也;一方又为事计,曰以供社会分业之所需也。"之后又于 1926 年提出了"大职业教育主义"的办学方针,强调办职业教育必须联络和沟通所有教育界与职业界。此外,1918 年,我国著名的教育家陶行知在《教育与职业》中谈到"生利主义之职业教育",提出了职业教育教学要围绕实际生产活动,阐明了职业教育"教"与"产"的关系。可见,产教融合思想主张在我国已诞生百年之久。

对于产教融合的概念,从公开发表的文献来看,最早提出"产教融合"这一说法的是江苏无锡市技工学校。该校在探索提高学生实习质量的过程中,提出"产教融合化",即"千方百计寻求与生产实习紧密结合的产品,以提高学生的质量意识、产品意识、时间观念及动手能力"。但当时提出的产教融合内涵比较单一,未引起教育界的重视。直到2007年,《中国职业技术教育》《中国劳动保障报》等在报道紫琅职业技术学院(现为南通理工学院)、青岛市技师学院等院校时,用到了产教融合的概念,但也未明确产教融合的具体内涵。官方最早提出"产教融合"是在2011年教育部等九部门发布的《关于加快发展面向农村的职业教育的意见》中,文件指出:"按照以服务现代农业为目标、以行业产业为纽带、以资源共享为核心、以互利共赢为基础的原则,在人才需求分析、优质教学资源共享、教师培养培训、学生实习就业、企业职工在职培训和产教研一体化等方面开展合作,促进产教深度合作,共同推进农业产业发展,提高为区域经济发展的贡献率。"这一概念逐渐演化为"产教融合"。此后,关于产教融合的研究逐渐增加,但关于产教融合的概念尚未形成官方统一的说法。

从已有的文献来看,我国学者主要从三个维度对产教融合进行概念界定。一是将产教融合界定为一种育人方式,如孔宝根(2015)认为,产教融合是指育人过程中生产与教学的融合,包括育人方式与育人内容的融合,高职院校的校企合作是深化职业教育产教融合的重要方式。二是将产教融合界定为一种经济教育活动方式,如杨善江(2014)认为,产教融合是教育部门(主要是院校)与产业部门(行业、企业)相互配合的一种经济教育活动方式,需要依靠参与主体的优势、建立合约关系、满足主体需求、服务经济发展,强调以校企合作为主线的合作共赢。三是将产教融合界定为一种社会组织形式,如邱晖(2016)指出,产教融合是一种由院校、企业、政府等多方参与,以满足社会对高素质技能型劳动力需求为目的,以互信合作为基础,以多方共赢为动力,以项目合作为载体,通过对各主体优质资源的共建共享、整合优化实现多主体协同育人的社会组织形式。还有一些学者则从词源学角度和时代发展角度阐释产教融合的内涵。例如,曹丹(2015)认为,"产教融合"这个术语的本质是生产与教育培训的一体化,在生产实境中教学,在教学中生产,生产和教学密不可分、水乳交融,具体表现是行业、企业与高职院校为了各自的发展需要水乳交融地合为一体。王丹中(2014)则从当前的时代发展特征出发进一步指出,融合是当前的时代特征,融合发展是科学发展的主要特征之一,产教融合传达出了一些新的理念和导向,反映了我国当前产业转型升级和高职教育内涵发展进程中,"产业"与"教育"水乳交融、互为因果的逻辑必然。

综上所述,尽管学者们从不同视角对产教融合进行了界定,但存在一些共性:一是强调校企合作是产教融合的基本形式;二是强调产教融合的目的是更好地服务经济社会的发展。

二、职业教育产教融合的政策走向

尽管职业教育产教融合思想诞生已久,且改革开放以来国家层面也出台了一系列政策以支持职业教育的产教融合发展,但直到 20 世纪末,产教融合、校企合作办学理念与模式才真正意义上得到教育界和产业界的广泛重视及推广。我国自改革开放以来职业教育产教融合政策的变迁大致可分为四个阶段:初步探索阶段(1978—1995 年)、多样化创新阶段(1996—2010 年)、不断深化阶段(2011—2018 年)、高质量发展阶段(2019 年至今)。

在改革开放之初,国家出台的有关职业教育的政策旨在恢复职业教育的教学工作,如《国家劳动总局技工学校工作条例(试行)》(1979 年)、《关于切实搞好青壮年职工文化、技术补课工作的联合通知》(1982 年)、《关于青壮年职工文化、技术补课工作若干问题的补充意见》(1982 年)等,这些政策都强调了教学与生产相结合、校企联合办学等举措，但其根本目的是通过政策手段来迅速恢复职业教育。1985 年《中共中央关于教育体制改革的决定》指出，"发展职业技术教育，要充分调动企事业单位和业务部门的积极性，并且鼓励集体、个人和其他社会力量办学"，强调中等职业技术教育要同经济和社会发展的需要密切结合起来。1991 年国家教育委员会印发了《关于加强普通高等专科教育工作的意见》，同年召开的第二次全国职业教育工作会议上颁布了《国务院关于大力发展职业技术教育的决定》，明确要求产业部门全方位参与职业教育，大力推进产教融合、工学结合，把高职院校产教融合提升到国家层面。1993 年中共中央、国务院印发的《中国教育改革和发展纲要》及 1995 年国家教育委员会出台的《国家教育委员会关于推动职业大学改革与建设的几点意见》都进一步明确了职业院校要走产教融合发展的道路。可以看出，这一时期出台的有关产教融合的政策主要是为了推动职业教育的发展，为社会经济的发展提供人力资源支撑。

20 世纪 90 年代末至 21 世纪初，我国社会主义现代化建设进入关键期，经济社会的快速发展对高技能型人才的需求不断增加，职业教育迎来了发展的春天，产教融合办学模式逐步深化。1996 年《中华人民共和国职业教育法》明确赋予了高职院校产教融合利益相关方参与的权利；2005 年《国务院关于大力发展职业教育的决定》首次提出了高职院校产教融合的组织形态——校企联合人才培养模式；2010 年《国家中长期教育改革和发展规划纲要（2010—2020 年）》要求："建立健全政府主导、行业指导、企业参与的办学机制，制定促进校企合作办学法规，推进校企合作制度化。"可以看出，这一时期政府逐步建立健全产教融合、校企合作办学机制，行业、企业在职业教育中的主体性地位越来越凸显，校企命运共同体格局开始形成。

自 2011 年以来，如何深化产教融合、校企合作成为职业教育发展的核心议题，国家层面也频繁出台职业教育政策，完善现代化职业教育体系，促进产教协同发展。2014 年，《国务院关于加快发展现代职业教育的决定》《现代职业教育体系建设规划（2014—2020 年）》《教育部关于开展现代学徒制试点工作的意见》等相继出台，强调校企协同育人，形成校企长效育人机制的重要性。2017年《国务院办公厅关于深化产教融合的若干意见》、2018 年《职业学校校企合作促进办法》等文件，进一步明确了产教融合、校企合作的实施路径。

2019 年是我国职业教育史上的重要转折点，职业教育由不断深化阶段转入高质量发展阶段。2019 年《国家职业教育改革实施方案》提出："在开展国家产教融合建设试点基础上，建立产教融合型企业认证制度，对进入目录的产教融合型企业给予'金融+财政+土地+信用'的组合式激励，并按规定落实相关税收政策。试点企业兴办职业教育的投资符合条件的，可按投资额一定比例抵免该企业当年应缴教育费附加和地方教育附加。厚植企业承担职业教育责任的社会环境，推动职业院校和行业企业形成命运共同体。"该政策的出台为企业举办职业教育，促进校企深度融合提供了强有力的政策支持。同年，《国家产教融合建设试点实施方案》《教育部 财政部关于实施中国特色高水平高职学校和专业建设计划的意见》《中国特色高水平高职学校和专业建设计划项目遴选管理办法（试行）》《加快推进教育现代化实施方案（2018－2022 年）》《关于开展示范性职业教育集团（联盟）建设的通知》等文件都将校企合作作为职业院校发展与考核的核心指标，充分发挥行业、企业在职业教育办学中的参与和主体作用，促进职业教育的高质量发展。2020 年，《中共中央 国务院关于构建更加完善的要素市场化配置体制机制的意见》《职业教育提质培优行动计划（2020—2023 年）》《现代产业学院建设指南（试行）》等政策，进一步完善了混合所有制、股份制办学的激励政策，健全以企业为重要主导、以职业学校为重要支撑、以产业关键核心技术攻关为中心任务的产教融合创新机制。

2022 年 10 月，党的二十大报告指出："统筹职业教育、高等教育、继续教育协同创新，推进职普融通、产教融合、科教融汇，优化职业教育类型定位。"这为新时期职业教育的发展指明了方向，进一步坚定了产教融合发展道路。当前，我国正加快构建新发展格局，着力推动高质量发展，建设现代化产业体系，这既需要数以万计的顶尖大师、领军人物攻克"卡脖子"问题，也需要数以亿计的技术技能人才解决"卡身子""卡腿"问题,因此必须毫不动摇地深化产教融合,坚定不移地走产教融合之路。

1.2 现代服务业的发展现状

一、现代服务业的概念与分类

现代服务业是相对于传统服务业而言的,是为适应现代人和现代城市发展的需求而产生及发展起来的具有高技术含量、高文化含量的服务业。2012 年,科学技术部发布了《现代服务业科技发展"十二五"专项规划》,对现代服务业的概念进行了界定。现代服务业是指以现代科学技术特别是信息网络技术为主要支撑,建立在新的商业模式、服务方式和管理方法基础上的服务产业。它既包括随着技术发展而产生的新兴服务业态,也包括运用现代技术对传统服务业的改造和提升。

现代服务业具有"两新四高"的时代特征。"两新"即新服务领域和新服务模式。新服务领域是适应现代城市和现代产业的发展需求,突破了消费性服务业领域,形成了新的生产性服务业、智力(知识)型服务业和公共服务业的新领域;新服务模式是通过服务功能换代和服务模式创新而产生新的服务业态。而"四高"即高文化品位和高技术含量,高增值服务,高素质、高智力的人力资源结构,高感情体验、高精神享受的消费服务质量。

在现代服务业的行业划分上,根据《北京市现代服务业统计分类(2020)》,现代服务业涵盖信息传输、软件和信息技术服务业,金融业,房地产业,租赁和商务服务业,科学研究和技术服务业,水利、环境和公共设施管理业,教育,卫生和社会工作,文化、体育和娱乐业,公共管理、社会保障和社会组织 10 个行业门类,包含电信、广播电视和卫星传输服务,互联网和相关服务等 21 个行业大类。北京市现代服务业行业分类如表 1-1 所示。

表 1-1 北京市现代服务业行业分类

序号	行业门类	行业大类
1	信息传输、软件和信息技术服务业	电信、广播电视和卫星传输服务
		互联网和相关服务
		软件和信息技术服务业
2	金融业	货币金融服务
		资本市场服务
		保险业
		其他金融业
3	房地产业	房地产业
4	租赁和商务服务业	商务服务业
5	科学研究和技术服务业	研究和试验发展
		专业技术服务业
		科技推广和应用服务业
6	水利、环境和公共设施管理业	生态保护和环境治理业
7	教育	教育
8	卫生和社会工作	卫生
9	文化、体育和娱乐业	新闻和出版业
		广播、电视、电影和录音制作业
		文化艺术业
		体育
		娱乐业
10	公共管理、社会保障和社会组织	社会保障

二、现代服务业的政策发展

改革开放以来，我国的经济建设取得了长足的发展和进步。2001年年末加入世界贸易组织以来，我国的经济发展整体上保持了较高水平，产业结构不断完善，第三产业占GDP的比重不断提高，为我国的经济发展做出了突出贡献。虽然自新冠疫情暴发以来第三产业的贡献有所回落，但随着疫情防控的逐步稳定，第三产业的贡献已开始逐步恢复，为我国经济的稳定、高速发展奠定了重要基础。

进入21世纪以来，在以信息技术为代表的新技术引领下，世界范围内开启了新一轮工业革命的进程，我国相关产业的发展也被打上了"信息化"的深刻烙印。服务业作为第三产业的重要内容，也逐渐走向了现代化的发展方向，现代服务业的产业形态应运而生。2000年以前，对于相关产业的现代化发展，无论是学术研究还是政策走向，均主要呈现出散点状、独立化发展的态势，如现代咨询服务业、现代信息服务业、现代餐饮服务业等，尚未形成整合化、集成化发展，对完整的现代服务业概念下的学术研究也相对较少。

2000年，党的十五届五中全会审议通过了《中共中央关于制定国民经济和社会发展第十个五年计划的建议》，正式提出了"现代服务业"的概念。其中明确指出："要发展现代服务业，改组改造传统服务业，明显提高服务业增加值占国内生产总值的比重和从业人员占全社会从业人员的比重。现代服务业要提高服务水平和技术含量，大力发展信息、金融、会计、咨询、法律服务等行业，带动服务业整体水平提高。"

这是我国最高级别政策规划中首次明确提出"现代服务业"的概念，并成为"十五"时期的重点发展领域之一。该文件除明确提出现代服务业的概念外，也对现代服务业的主要组成部分进行了初步界定。随后，各省级区域迅速跟进，分别在各自区域的"十五"计划中对现代服务业的发展做出了具体部署。

北京市在《北京市国民经济和社会发展第十个五年计划纲要》中明确将"加快发展现代服务业"作为经济结构战略性调整、产业结构优化升级的重点方向之一，并提出要优先发展信息服务和中介服务等知识密集型服务业，加快发展金融业，积极发展为城乡居民生活服务的新兴服务业，加快发展旅游业，重点发展教育培训、会议展览、国际贸易、现代物流等行业。这些内容充分表明，重点、优先发展现代服务业，已经成为我国各级政府的充分共识，现代服务业也成了我国新时期发展的核心引擎和经济增长贡献的重要源头。

2005年，《北京市统计局关于印发现代制造业、现代服务业统计标准（试行）的通知》首次对现代服务业的涵盖范围进行了具体界定。根据这一标准，现代服务业共涵盖《国民经济行业分类》中9个行业门类共21个行业大类，现代服务业的产业范围正式确定，形成了专门的产业形态。

2012年，科学技术部正式印发《现代服务业科技发展"十二五"专项规划》，对现代服务业进行了明确的概念界定，首次在国家层面的发展规划中明确现代服务业的学术概念。至此，现代服务业正式成为内涵清晰、范围明确的专门产业，也为接下来的快速发展奠定了良好的基础。

近年来，北京市为现代服务业的发展营造了良好的政策环境，进行了充分的资源倾斜。2021—2022年，北京市以市政府或市政府办公厅的名义印发了《北京市"十四五"时期优化营商环境规划》《北京市营商环境创新试点工作实施方案》《北京市培育和激发市场主体活力 持续优化营商环境实施方案》等保障性文件，以及《打造"双枢纽"国际消费桥头堡实施方案（2021—2025年）》《北京市人民政府办公厅关于促进全民健身和体育消费 推动体育产业高质量发展的实施意见》等直接面向现代服务业范围内产业发展的专门性政策保障。北京市科学技术委员会、北京市经济和信息化局、北京市商务局、北京市广播电视局等与现代服务业发展高度关联的政府部门，更是针对各自主管领域发布众多面向特定产业、行业、市场主体的专门措施，以促进相关行业、产业的发展。现代服务业已成为现阶段北京市经济社会发展的核心组成部分和重要经济引擎。

三、现代服务业的发展态势与技术升级

（一）现代服务业的发展态势

进入21世纪以来，全球产业结构进入由"工业经济"主导向由"服务经济"主导转变的新阶段，基于信息网络的现代服务业成为国际经济新的增长点，并呈现出细分化、数字化的发展趋势。以信息技术为主的高新技术成为服务业发展的主要支撑，"信息化""数字化"成为服务业提高能力和发展水平的选择。

我国自"十二五"以来，服务业发展连续迈上新台阶，服务领域不断拓宽，服务品种日益丰富，新业态、新模式竞相涌现。2017年，国家发展和改革委员

会印发的《服务业创新发展大纲（2017—2025年）》指出："树立互联网、大数据思维，推动信息技术在服务领域深度应用，促进服务业数字化智能化发展。"《中华人民共和国国民经济和社会发展第十四个五年规划和2035年远景目标纲要》进一步指出："聚焦产业转型升级和居民消费升级需要，扩大服务业有效供给，提高服务效率和服务品质，构建优质高效、结构优化、竞争力强的服务产业新体系。"可见，"信息化""数字化"转型升级已成为服务业高质量发展的当务之急。

当前，现代服务业已成为拉动北京市经济增长的主引擎，2020年北京市在全国率先形成了"双80%"服务经济发展格局。2021年11月，北京市发展和改革委员会制定了《北京市"十四五"时期现代服务业发展规划》，为"十四五"时期北京市现代服务业的发展指明了具体方向。"十四五"时期，北京市将通过现代金融优势巩固提升行动、信息服务创新提速行动、科技服务优化升级行动、文化产业繁荣发展行动、商务服务开放提质行动、超大城市流通体系优化行动和生活服务品质提升行动七大行动全面提升北京市现代服务业的发展水平，到2025年，现代服务业增加值占全市地区生产总值的比重将达到70%左右。

目前，在国内专项规划"十四五"现代服务业发展的省市为数不多。除北京外，还有江苏、贵州、山西、宁波、青岛、南京等省市出台了相关规划，河南已经完成了专家论证，湖南、湖北、广州等地出台了"十四五"服务业发展规划。江苏、贵州、宁波、南京提出的是服务业增加值目标，分别为7万亿元左右、1.3万亿元、1.04万亿元、1.3万亿元左右，青岛提出了生产性服务业增加值占服务业增加值的比重达到55%左右，山西只是提出了服务业总量规模持续壮大的要求。北京创新性地提出了现代服务业增加值占全市地区生产总值比重的目标值，显示了其加快推动现代服务业高质量发展，支撑城市综合实力和服务功能迈上新台阶的"雄心"。

《北京市"十四五"时期现代服务业发展规划》中所述七大行动不但是北京市现代服务业发展的具体行动，更是对北京市现代服务业发展的高度预期和美好愿景。从这七大行动的具体命名中就可大致看出,现代服务业下不同行业呈现出不同的发展状态和发展阶段。就金融业而言,目前已具有一定优势,"十四五"时期这一优势将得到进一步巩固和扩大;信息服务业则处于高速发展过程中,"十四五"时期将以进一步加速发展为主要目标;科技服务业则处于转型升级的关键时期,作为现代服务业的重要一环,未来将持续助力农业、制造业、建筑业等传统产业的产业升级,实现自身和所服务行业的跨越式发展。

此外,北京市现代服务业的发展也深度融入区域重点建设项目之中。中关村国家自主创新示范区作为国家级科技和创新发展示范区,在建设过程中,亦将现代服务业的发展作为重要内容。在北京地区中关村示范区 16 个分园区中,东城园、西城园、朝阳园、海淀园、石景山园、通州园、大兴园、昌平园、房山园、怀柔园、延庆园 11 个分园区均将现代服务业作为主导产业或重点培育产业,足见现代服务业在中关村示范区乃至整个北京市经济发展中的重要地位。

(二)现代服务业的技术升级

从《现代服务业科技发展"十二五"专项规划》对现代服务业的概念界定中即可明确看出,现代服务业的基础是传统服务业,而与现代科学技术特别是信息网络技术的充分结合是现代服务业区别于传统服务业的根本特征。因此,现代服务业发展的核心方向就是,在众多相对成熟稳定的服务业产业形态中探索并发展其与信息技术相结合的新形态。随着近年来以云计算、大数据、物联网、移动互联网、人工智能等技术为代表的新一代信息技术的不断发展,现代服务业的发展也呈现出多样化、全面化的基本特征。特别是其中的软件和信息技术服务业、科技推广和应用服务业,既是现代服务业的基本范畴之一,又是现代服务业服务产业转型升级、提升全产业生产效率和技术水平的基本方法。

当前,随着我国"互联网+"战略的深入实施和数字化进程的不断加快,越来越多的传统行业逐渐走上了"信息技术+"的发展方向。为此,要推进重点领域数字化发展,服务信息消费扩大升级,并将新一代信息技术在普惠金融、物流、交通、建筑、商贸、旅游、健康、家居、餐饮、文化、教育、娱乐等领域的重点应用作为具体发展领域。这不但是现代服务业中软件和信息技术服务业的具体发展方向，更是软件和信息技术服务业服务于具体产业的典型特征。例如，在软件和信息技术服务业促进建筑业的发展中，将大力推动城市信息模型、地理信息系统、建筑信息模型和建筑防火模拟等软件的创新应用。这些具体软件的深度应用，不但是现代服务业自身发展的重要方向，也是现代服务业服务其他产业转型升级、全面提升生产效率的具体表现。

现代信息技术不但是促进其他产业发展的重要手段，也是提升现代服务业自身发展水平的有效措施。例如，"十四五"时期将得到重点发展的电子商务、移动支付、社交网络、网络视听等软件产品和服务，将直接辅助于文化艺术、娱乐、商业服务等行业的发展；物流运输、分拣、仓储、配送等环节软件解决方案的推出，将直接促进现代服务业中供应链管理服务业的发展。这些都将成为"十四五"时期现代服务业特别是软件和信息技术服务业在自身发展与促进其他产业发展中的典型特征及具体应用形式。

就现代服务业自身发展而言，各类信息技术的深度、广泛应用是现代服务业发展的根本特征，而这也将以行业自身技术的发展和从业人员技术技能水平的提升为基础条件。在未来的现代服务业发展中，不但要实现行业数字化水平的不断提升，更要实现从业人员对信息化、数字化技能的掌握。因此，具备现代信息化、数字化的良好素养和意识，掌握信息化、数字化工具的基本应用技能，将成为现代服务业从业人员实现自身发展并促进产业提升的根本方法。

1.3 现代服务业的人才需求

一、产业升级的人才需求特征

现代服务业的"信息化""数字化"转型升级发展必然伴随着社会岗位需

求、人才需求等一系列变化。北京财贸职业学院发布的《2021年北京市现代服务业人才需求调研报告》显示，2021年5月至2022年5月，北京市与现代服务业相关的职业种类共2019种，占招聘网站全部职业种类数的81.35%。其中，符合"信息化"特征的职业种类共1125种，占现代服务业职业种类数的55.72%。可见，北京市现代服务业中已涌现出多种"信息化"职业，涉及"信息化"的职业种类覆盖度超过半数，表明北京市现代服务业整体已跨入"信息化"时代。

目前，北京市现代服务业增加值、税收贡献、吸纳从业人员占服务业的比重均在八成左右。因此，要开展现代服务业七大领域提质升级行动，提升全球资源配置力和城市服务功能影响力，增强北京市在全球城市网络中的竞争能级。现代服务业的提质升级和创新发展离不开数字化的赋能，也就意味着，未来现代服务业的发展对新一代信息技术的依赖性将越来越强，对相关技术技能人才的需求也会越来越迫切。

《2021年北京市现代服务业人才需求调研报告》显示，北京市现代服务业对销售人员、信息和通信工程技术人员、商务专业人员、房地产中介服务人员、商务咨询服务人员等职业的社会需求量较大。同时，在这些需求量较大的职业中，信息和通信工程技术人员中与信息化相关的职业需求量也较大。此外，在需求量较小的职业中，工艺美术与创意设计专业人员、信息通信网络运行管理人员、管理（工业）工程技术人员等职业中与信息化相关的职业需求量也较大。可见，这些职业的信息化程度较高，对相关技术技能人才的需求量也较大。

在专业需求上，北京市现代服务业对市场营销、财务管理、商务数据分析与应用、商务管理等专业的人才需求量较大。同时，这些专业所面向岗位的信息化程度也较高。在任职资格方面，现代服务业中与信息化相关的岗位对计算机、AI、Python、互联网、大数据、Linux、Java、数据库、MySQL、自动化、人工智能、算法、C++、云计算、移动互联网、Hadoop等前沿性信息技术类知识具有较强的需求，而传统服务业则对市场营销、财务管理、人力资源管理、会计、教育、医学、行政管理、法律法规等相关知识的需求量更大。可以看出，随着产业的转型升级与演化推进，现代服务业相关岗位的工作内容也发生着较大变化，相比传统岗位，与信息化相关的岗位更要求任职者具备计算机信息技术方面的知识、能力与素养。

在行业需求上，在北京市现代服务业相关需求中，信息传输、软件和信息技术服务业，房地产业，租赁和商务服务业，教育，金融业，科学研究和技术服务业等行业的人才需求量较大。《北京市"十四五"时期现代服务业发展规划》明确提出，要开展现代服务业七大领域提质升级行动。这七大领域包括：现代金融、信息服务、科技服务、文化产业、商务服务、城市流通和生活服务。产业的转型升级离不开信息技术的支撑，未来现代服务业十大行业对信息技术类人才的需求将逐渐增加。

二、产业新职业的人才需求特征

产业中出现的新职业类型体现了产业最新的发展方向。自 2019 年 4 月 1 日起，人力资源和社会保障部已陆续发布了多批新职业信息，包括人工智能工程技术人员、智能制造工程技术人员、区块链工程技术人员、集成电路工程技术人员等，并对每一个新职业进行了具体的工作任务描述。《2021 年北京市现代服务业人才需求调研报告》显示，北京市与现代服务业相关的新职业共 30 种，占新职业种类数的 40.54%。可见，北京市现代服务业具有较强的发展活力，产业更新换代快，新职业、新业态大量涌现。其中，信息安全测试员、人工智能工程技术人员、云计算工程技术人员、大数据工程技术人员等职业的社会需求量已初具规模。而无人机驾驶员、数字孪生应用技术员、区块链应用操作员、人工智能训练师的需求量还相对较小，主要是因为这些技术较为前沿，尚处于初级发展阶段，对相关技术技能人才的需求还未形成规模化效应。

在专业需求上，在任职资格方面，计算机、Python、算法、开发、Linux、Java、C++、数据库、C、网络安全、编程、SQL、运维等与计算机和互联网相关的知识是北京市现代服务业新职业中广泛要求掌握的知识。可见，现代服务业中出现的新职业都在不同程度上进行了信息化、数字化转型，与信息技术相关的知识将是从业人员所必须具备的基本知识。

在行业需求上，信息传输、软件和信息技术服务业，租赁和商务服务业，科学研究和技术服务业，教育等行业的人才需求量较大。可见，近年来出现的新职业主要集中在信息传输、软件和信息技术服务业中，这与新一代信息技术的发展具有十分密切的关系。而卫生和社会工作，水利、环境和公共设施管理业，公共管理、社会保障和社会组织等行业的人才需求量相对较小，这些行业的发展相对而言比较稳定，行业转型升级尚不充分，对相关技术技能人才的需求还未形成规模化效应。

随着信息技术的深入发展及社会新需求的不断涌现，各行各业都不同程度地衍生出新的职业类型和新的业态，扩展了现代服务业的经营领域和范围，丰富了服务的形式和内容，并对相关技术技能人才的需求日益增加。

三、产业对人才的学历需求特征

当前，我国经济发展进入由高速发展转向高质量发展阶段。现代服务业的高质量发展对人才的质量也提出了更高的要求。《2021 年北京市现代服务业人才需求调研报告》显示，北京市现代服务业相关职业对人才学历的需求虽然以专科及以上学历为主，但本科及以上学历要求的职业需求量已接近一半，且随着产业转型升级的进一步发展，相关职业对人才学历的要求会越来越高。在现代服务业高需求职业中，有一半的职业更倾向于招聘本科及以上层次人才，尤其是信息和通信工程技术人员、其他教学人员、专业化设计服务人员、建筑工程技术人员四个高需求职业，而销售人员、商务咨询服务人员、其他社会生产和生活服务人员、保险服务人员等销售类与生活服务类职业则为专科层次人才提供了较多的就业岗位。

在专业需求上，总体而言大部分现代服务类专业为专科及以上层次人才提供了较多的就业岗位，但也有部分专业所面向的岗位更倾向于招聘本科及以上层次人才，如中小企业创业与经营、保险实务、信用管理、统计与大数据分析、资产评估与管理、农村金融、国际经济和贸易等与金融、经济、统计相关的专业。

在行业需求上，一些行业已呈现出高学历倾向，即更倾向于招聘本科及以上层次人才，如公共管理、社会保障和社会组织。此外，科学研究和技术服务业，信息传输、软件和信息技术服务业中最低学历要求为本科的岗位量也接近一半。

社会经济的高质量发展需要以人才为支撑，这就意味着作为人才供给侧的高校，需要优化人才供给结构，加大高层次人才供给量，培养更多符合经济发展需求的高素质、实用型、创新型技术技能人才。

第二章

高职商科的发展架构

2.1 中国服务与国家战略

一、中国服务的提出及内涵

2009年6月，首都机场集团有限公司通过《人民日报》率先提出了"中国服务"的理念，引起了社会的广泛关注。2010年，第一届中国服务发展论坛探讨了"中国服务"应成为未来的国家战略，指出旅游业最有可能、最有条件成为"中国服务"战略的核心产业和先导领域，从旅游业开始拓展到整个服务业的"中国服务"，将与"中国制造"共同构成产业振兴和中国腾飞的双翼。

"中国服务"至少应包括三个方面的内涵，即品质、品位、品牌，也就是质量、特色和形象。"中国服务"应是高质量的、富有人文精神的、代表中国形象的服务形态和模式，成为中国抢占国际分工有利位置的新的"金字招牌"。中国商业联合会副会长张丽君指出，"中国服务"应是自主创新、具有中国传统内涵的特色服务，即与世界其他国家相比，"中国服务"最大的优势是蕴含着历史悠久的中国传统文化，同时又有日新月异的科技作为支撑。在以人工智能、物联网、云计算、大数据等为代表的新兴技术的支撑下，传统服务业向现代服务业转变不可逆转，要坚持走"文化赋能"和"技术赋能"双轮驱动之路。

首旅集团将"中国服务"的思想内涵概括为三个方面：国际水平、本土特色和物超所值。其中，国际水平包含三个层面的意义，即标准意义、制度意义和示范意义。它认为"中国服务"不能简单地理解为"中式服务"，要想科学实践"中国服务"所应具有的"国际水平"，就需要以宽广的视野瞄准包括在中国本土存在的，并得到广泛认可的最先进的服务水平来审视、对比我们的服务，取其精华，为我所用。关于本土特色，有"四个体现"：一是要体现"中国意识"，二是要体现"中国品格"，三是要体现"中国性情"，四是要体现"中国传统"。关于物超所值，有三点具体内容：一是产品应该定制开发并让客人享受到超值服务；

二是实现物超所值靠低成本和高附加值；三是当今科技创新成果中对服务增值影响最大的是互联网。因此，综合来看，"中国服务"就是要用国际水平抓规范，让本土特色、物超所值成亮点，为市场提供具有较高性价比的系列产品。"中国服务"的核心是客户满意度，企业要以客户满意度为核心来建立"中国服务"的管理体系和落实体系。

二、中国服务的产业发展基础

"中国服务"的提出有着其深刻的产业发展基础，反映了我国整体发展格局的特征，具有中国经济的传统与现代、国内与国际、硬实力与软实力等一系列的丰富内涵。

2012年以来，我国服务贸易进出口保持快速增长势头，年均增长6.1%，高出全球增速3.1个百分点。我国服务贸易在世界的排名也由第三位上升到第二位，到2021年已连续八年稳居世界第二位。近年来，新一轮科技革命和产业变革孕育并兴起，数字技术广泛渗入生产、流通、消费各个环节，大大提高了服务的可贸易性。2021年，中国国际服务贸易交易会组委会发布了100个服务示范案例，共分为中国服务、全球服务、科技创新、业态创新、绿色发展、发展潜力六个单元，呈现中国服务惠及全球的最新成果。

我国服务贸易增速亮眼主要得益于两个方面的因素：一方面，我国宏观经济保持稳定增长，产业升级不断加快，先进制造业和现代服务业融合发展加快，带动了服务贸易需求的增长；另一方面，党和政府推出服务贸易发展各类举措，包括完善外商投资负面清单，出台海南自贸港跨境服务贸易负面清单，不断放宽服务贸易领域市场准入，深入推进服务贸易创新发展平台建设等。

习近平指出："服务贸易是国际贸易的重要组成部分和国际经贸合作的重要领域，在构建新发展格局中具有重要作用。""十四五"期间，我国将稳步推进服务贸易改革开放创新，推动中国服务贸易迈上高质量、可持续、更安全的发展新台阶。在具体举措上，将进一步扩大服务领域市场准入，加快服务贸易数字化进程，优化服务贸易行业结构，加大平台载体建设力度，完善服务贸易政策支持体系，深化服务贸易对外合作，创新开展统计监测工作。

2.2 高职新商科的整体构想

一、新商科的内涵

因应现代服务业的产业升级，特别是以"中国服务"为核心的国家战略的迫切需要，传统的高职商科教育亟待发展，在此背景下，学术界提出了"新商科"的构想。

对于商科教育的发展，学术界普遍认为 1881 年宾夕法尼亚大学成立的沃顿商学院是商科教育和管理学的开端，也是工业经济时代的产物。而新商科是相对于传统商科而言的，是在新技术、新产业、新业态模式下提出的一个新概念，属于新文科的范畴。在我国，"新商科"一词最早由教育部高等教育司司长在西交利物浦大学开会时提出。2019 年 3 月，教育部高等学校工商管理类专业教学指导委员会第一次会议在上海对外经贸大学召开，主要就新商科的概念、内涵和实践途径进行了探讨。然而，新商科自提出到现在，并没有形成统一的概念，但很多学者就其内涵进行了广泛而深入的探讨。

陈晓芳（2021）等从人才培养模式的角度提出，新商科应该是管理融合技术、产教深度协同及扎根中国情境的"三位一体"的综合型学科，即新商科应该以"管理+技术"相融合、产教相融合的模式进行人才培养，同时在强调国际接轨的同时，要立足中国国情。王玉、杜勇（2021）则从多维度对新商科的内涵进行了探讨，其认为与以工业经济为背景的传统商科相比，新商科是以互联网时代的数字经济为背景，融合了现代信息技术的跨学科、复合型商科。新商科的"新"，一是体现为新的理念，即新商科人才培养更加注重创新能力，培养掌握新技术、熟悉新业态的创新型、复合型人才；二是体现为新的目标，即要适应世界商业活动发展变化的新趋势；三是体现为新的结构，即新的专业群结构和新的课程结构；四是体现为新的模式，包括人才培养新目标、新方法、新技术、新资源、新主体和评估与监控新体系六个方面。

综上所述，新商科是在新的时代背景下提出的一种与时俱进的人才培养理念，强调人才培养要体现复合型、创新型、应用型特征，这就要求高职教育必须进行教学创新、资源创新和人才创新，确保人才培养紧密贴合新商业时代的用人需求。

二、高职新商科的建设路径

工业经济时代的商业组织方式以有形物质为基础，而数字经济时代呈现出完全不同的生产方式、组织形式、商业模式等，因此人才培养模式应进行系统性变革。在人才培养标准方面，要突出以能力为本位，更加注重国际视野和跨文化交际、战略思维和成长性思维、终身学习、新技术素养、创新意识和创新精神等能力的培养；在课程体系方面，须加强三个方面的融合发展，即进行跨学科融合，加强信息技术与专业课程融合，深化产教融合；在人才培养模式方面，采用融合式教学模式，包括通识教育、专业教育、行业教育、创新创业教育的融合，理论学习与实践学习的融合，产教融合，教学语言融合，教学方式与方法的融合等。

简单来说，新商科以互联网时代的数字经济为背景，因此数字化、信息化应当贯穿新商科专业群建设的始终，如：在教学模式创新上，应当思考数字经济时代需要教授学生什么样的思维方式、研究方法，如何训练学生的多学科创新性思维，如何提升学生的数字化认知与实践能力；在教学内容创新上，应当思考如何让学生掌握数字经济时代的新技术、新工具、新方法，商科专业应该如何与信息技术类课程相结合；在教学资源配置上，应当思考如何优化线上线下相结合的教学平台与教学资源，如何在教学过程中合理利用网络资源和数字化案例，如何为新商科专业群提供教材等教学支持。

北京财贸职业学院以新商科专业群建设为突破口，着力推动学校面向高素质复合型技术技能人才培养和技术技能创新服务的新商科建设。学校将新商科专业群的建设目标确立为：契合北京市现代服务业的高质量发展，聚焦北京城市副中心金融服务、商务服务和文化旅游业的高端定位，到 2023 年，建成以智慧财经专业群和现代商旅服务专业群为核心，以文化创意专业群和城市建设管理专业群为骨干，带动一批体现新技术、新业态、新岗位的新兴专业协调发展的专业群结构，形成引领职业改革的新商科品牌专业群和建设标准，培养具有"政治素质、人文情怀、职业道德、工匠精神"的高素质复合型技术技能人才，为北京市现代服务业的转型升级提供人力支撑与智力支持。到 2035 年，专业群将成为世界高职商科教育的典范，国际影响力显著提升。

（一）整体建设内容与举措

面向北京市现代服务业，立足北京城市副中心，坚持立德树人根本任务，以中国特色为根基，以世界一流为目标，以产教融合为主线，以服务发展为宗旨，瞄准"中国服务"和"全职业生涯教育"，通过技术与文化赋能，重点打造智慧财经、现代商旅服务两大品牌专业群，带动文化创意专业群、城市建设管理专业群高质量发展，培养高素质复合型技术技能人才。

（二）总体建设思路

积极服务北京市特别是北京城市副中心现代服务业的发展需求，以重构专业"六度"核心竞争力评价体系为抓手，建立对接产业、持续优化、多方协同的专业群建设与管理机制。主动适应随着现代服务业升级涌现的智慧会计、金融科技、智能零售、文化旅游等新业态、新职业，通过技术与文化赋能，重点支持建设智慧财经与现代商旅服务两个高水平专业群，打造品牌，大力培育文化创意与城市建设管理两个骨干专业群，创新内涵，以改革促发展，落实1+X证书制度，创新实践校企人才共育模式，重构"两平台、一核心、双进阶"的课程体系结构，建成模块化、矩阵式职业课程学习地图，适应"适龄"学生到"混龄"学生的转变，提高人才培养的开放性、灵活度。

聚焦北京"四个中心"功能定位和北京城市副中心的发展战略，紧紧抓住国家全面推进北京市扩大服务业开放综合试点的重大机遇，持续打造技术赋能和文化赋能的四大品牌专业群，促进教育链、人才链与产业链、创新链有机衔接，实现人才培养供给侧与产业需求侧结构要素的全方位融合。

对接北京城市副中心运河商务区总部经济、金融服务、专业服务等产业，创新发展智慧财经专业群；服务北京世界级消费城市、国际交往中心和服务业对外开放中心的发展战略与定位，全力打造现代商旅服务专业群；满足"北京创意""北京设计"品牌示范性项目建设需求，持续推进文化创意专业群建设；服务智慧城市、智能建筑等现代化国际新城的可持续发展，培育城市建设管理专业群高水平化发展；针对新技术、新业态、新岗位，积极申报数字经济、大数据分析、财务管理、跨境电商、智慧门店运营、高端宴会设计、主题公园娱乐管理等新专业（方向），支撑学校新商科品牌专业群高质量发展。

2.3 专业"六度"核心竞争力

一、专业核心竞争力概述

核心竞争力的概念来源于企业管理研究，最早提出核心竞争力概念的是美国密歇根大学商学院教授普拉哈拉德（C.K.Prahalad）和伦敦商学院教授加里·哈默尔（Gary Hamel），在他们合著的《公司核心竞争力》（*The Core Competence of the Corporation*，1990）中，为核心竞争力做出如下定义："在一个组织内部经过整合了的知识和技能，尤其是关于怎样协调多种生产技能与整合不同技术的知识和技能。"也就是说，从其构成要素来讲，一家企业的核心竞争力应该包括企业自身拥有的内外部资源，以及有效配置、使用、改进这些资源的技术与能力。普拉哈拉德和加里·哈默尔认为，评价核心竞争力有三个标准：首先，它应该有助于企业进入不同的市场，能够成为企业扩大经营的能力基础；其次，它能够实现顾客最为关注的、核心的、根本的利益，为顾客带来较大的最终价值；最后，它应该是难以被竞争对手所复制和模仿的。

借鉴核心竞争力的内涵，专业核心竞争力应该包括专业所拥有的内外部教学资源，以及组织、协调、利用这些资源来开展人才培养工作的关键能力。这些资源和关键能力是建设专业的主要着力点，也是衡量和评估专业建设水平的重要依据。而具体到高职的专业核心竞争力概念，因为高职教育具有高等教育和职业教育的双重属性，所以还应该从这两种属性中进一步挖掘其特殊内涵。根据教育部学科评估指标体系可以看出，本科院校学科竞争力的关键要素包括四个方面的内容：一是师资队伍与资源，二是科学研究水平（主要从科研项目、科研成果及其水平等角度衡量），三是人才培养质量（关于教学建设与学生质量），四是学科声誉。而高职教育除了要参考上述要素，还应该看到它与普通高等教育最大的区别和显著的特点是其职业性，"以服务发展为宗旨，以促进就业为导向"是高职教育办学的指导思想。高职院校办专业就是要服务行业、产业的发展，从满足学生就业的需要出发，紧密结合行业、产业的发展趋势和需求来设置专业、培育人才。

基于这样的思考，高职的专业核心竞争力从内容要素上讲，应该包含师资队伍、教学条件与资源、科研水平、人才培养质量、专业声誉（主要体现为专业建设与改革的成果）等专业建设的基本资源与能力。根据高职教育的特殊属性，还应该包含以下三个体现高职教育的职业性的关键要素。

（1）专业的社会适应性。即专业面向的行业、产业发展趋势如何，是否有广阔的就业前景和良好的市场需求，这直接决定专业的设置是否合理，专业办学的定位是否精准等，这是开办一个专业首先要考虑的问题。

（2）校企合作。校企合作的深度和广度决定了一个专业的办学水平。一个专业应有数量适当的战略型合作企业，在专业论证、实习实训、课程建设、专业教学、课题研究、社会服务等方面开展深度合作与交流。不了解企业的需求，没有企业的参与，不服务企业的发展，专业的发展就失去了动力和源泉。

（3）社会服务。高职的社会服务更多体现在为企业提供生产、经营、管理方面的技术支持与咨询服务，为企业员工提供技术技能培训服务，为企业设计、生产创新产品等上。专业的社会服务能力是高职专业内涵实力的直接体现，也是推动专业与产业、行业深度融合的重要途径。

同时，即便是那些专业建设的一般性要素，如师资、教学资源、课程、科研水平等，也应具备职业教育特征。以人才培养质量为例，本科院校的学科评估关注教学成果、学位论文、国际交流等内容，职业教育则应偏重学生的就业率、就业质量及技能竞赛获奖情况。

二、专业核心竞争力建设

（一）专业核心竞争力的缘起与历程

北京财贸职业学院自开办普通高职教育以来，始终以"围绕行业办专业，办好专业促行业"为宗旨，建设了基本覆盖现代服务业主要领域的财经、旅游、电子信息、文化教育和艺术设计共五大类高职专业，形成了以财政金融类专业为主干，以商贸类专业为优势，以旅游、艺术设计、语言文化、电子信息类专业为支撑的专业体系结构。随着社会经济结构的发展变化，社会和行业、企业对人才素质需求的提高，以及高职教育内部的竞争和结构调整日益加剧，学校在专业建设上必须采取有力措施。

为了推进专业建设，北京财贸职业学院于 2013 年启动了专业核心竞争力建设行动，用两年半左右的时间，设计并深入推进"专业核心竞争力提升计划"，按照"人无我有、人有我优、人优我特"的思路，深入剖析专业建设因素，明确专业建设方向，夯实专业基础，建立起专业评估与淘汰机制，通过一系列围绕专业核心竞争力要素的改革举措，打造一批具有核心竞争力的品牌专业。学校于 2013 年印发了《关于提升专业核心竞争力的实施意见》，开始正式实施专业核心竞争力建设工作，主要围绕六大举措开展工作。

1. 建立专业调研、评估与分类管理机制

根据高等教育、职业教育的办学规律与要求，结合学校实际情况，研究制定"专业核心竞争力评价体系"，对学校所有专业进行核心竞争力的诊断评估，按最终结果将现有专业划分为重点建设专业（20%）、骨干专业（40%）、一般专业（30%）、待调整专业（10%）四类，并分别进行建设与管理。四类专业实行分类经费拨付，重点建设专业、骨干专业将获得经费投入及政策支持上的倾斜，并可继续培育成为学校的品牌专业。专业建设实行动态管理，三年重新评估。

同时，建立每年定期开展专业调研的长效机制，以充分了解专业现状，找准专业定位，进行专业建设规划。

2. 实施高职"创新人才"培养计划

在全面培养学生专业技能和职业素养的基础上，根据学生的学习基础、突出技能、兴趣爱好等特点，选拔优秀学生参与"创新人才"培养计划，对"创新人才"分类实施个性化培养方案，通过参与技能大师工作室实践活动、专业社团及科研创新小组、创业计划项目等，培养一批技能拔尖人才、科研创新人才、成功创业人才等"卓越人才"，并在学分、课程修读等方面给予优惠。

3. 实施"教师培优"工程

分阶段、有重点地加大对专业带头人的选拔、培养工作，实行校内、企业"双专业带头人"制度。通过国内外进修、访学项目，国内外高职院校挂职交流项目，下企业实践锻炼强化项目，高职名师一对一扶持计划等，培养一批把握行业、懂专业，具有较高职业教育理论水平和实践教学能力，能够带领教学团队开展专业建设和课程改革,在教研与科研中发挥引领作用的"优秀专业带头人"。

遴选在教育教学、专业研究或技术技能等方面突出的专任教师,通过国内外进修、培训、交流、实践锻炼等形式将其培养成为学校具有某一专长的"品牌教师"。

建立一支由专业带头人、品牌教师、青年教师及企业外聘教师组成的相对稳定、高水平的教学团队,以团队的形式参与专业建设的各项工作,对取得突出成果的团队,着力培养成为"品牌团队"。

4. 评选"优质课程"

制定"优质课程"评选标准,面向全校所有课程,包括精品课程、精品共享课程、优质核心课程、"上班式"课程、研学结合课程等立项课程及其他未立项课程,从中评选建设质量高、教学效果好、师资配备合理、教学资源丰富、教学方法灵活、课程相关成果丰硕的课程作为"优质课程"在全校推广并给予经费奖励。"优质课程"作为学校级公开课长期接受广大教师观摩、学习和监督。

5. 建设专业技能竞赛体系

各专业认真分析专业内涵和职业岗位需求,参考国家有关职业技能鉴定标准和职业技能竞赛项目,研究建立专业技能竞赛库,培育竞赛项目,并选拔既有良好学习基础又有较强职业技能和实践创新能力的学生,通过日常教学、课余训练、集中训练等方式,积极为参加各级各类技能竞赛项目做准备,力争在北京市和国家级技能竞赛项目中取得优异成绩。

6. 实施校企合作"双主体"育人项目

在现有订单班、商学院的基础上,继续深化校企合作,开发培育社会培训项目、现代学徒制项目、技能大师工作室项目,以及校企联合举办兼有经营、实习、实训、实践、培训等功能于一体的实体企业等项目。教务处与校企合作办公室联合评选校企合作"双主体"育人先进集体。

（二）专业核心竞争力评价体系

1. 专业核心竞争力评价指标设计

学校坚持"人无我有、人有我优、人优我特"的思路，通过深入剖析专业建设的影响性因素，开发专业核心竞争力评价体系。从2013年起步，历经半年的时间，由教务处牵头，联合招生办、人事处、就业指导中心、科研处、继续教育学院等相关部门，设计专业核心竞争力评价指标。2013年年底到2014年上半年组织专业自评、"说专业"系列活动，校院两级层层发动，组建以校级领导、职能部门负责人和校外专家为成员的专业评价小组，完成了专业核心竞争力评价体系的设计、完善，以及第一轮评价实施工作。

专业核心竞争力评价是一个比较复杂的问题，既要看专业的历史积累，又要看当下的实力表现，既要在教学系统内部自我评价，又要看社会的反馈。评价因子（指标）的选择坚持三个原则：数据可获得、数据可量化、数据可比较。而能够被选入专业核心竞争力评价指标的因子应符合三个标准。

（1）有助于专业的可持续发展，能够扩大专业的办学规模，提升专业在行业、企业的影响力。

（2）体现了人才培养质量的提高，满足了企业的人才质量需求，促进了行业的发展。

（3）体现了鲜明的专业特色，不可复制、不可代替。

根据对专业核心竞争力内涵的分析，综合考虑专业核心竞争力各个指标之间的关系，北京财贸职业学院在2013年提出了一个基本涵盖从入口、培养到出口等专业人才培养全过程的专业核心竞争力评价体系。该体系包括专业生源、专业教学、师资队伍、培养效果、社会服务与科研五大指标，如表2-1所示。

表 2-1 专业核心竞争力评价指标设计

一级指标及分数	二级指标及分数
专业生源（10分）	录取报到率（5分）
	录取分数（5分）
专业教学（30分）	教学改革成果（10分）
	专业教学质量（8分）
	校企合作培养（7分）
	实践教学条件（5分）
师资队伍（20分）	专业带头人（8分）
	师资荣誉（7分）
	专任教师结构（5分）
培养效果（20分）	技能竞赛获奖（8分）
	职业资格证书获取率（4分）
	就业率（3分）
	平均起薪（5分）
社会服务与科研（20分）	技术支持与咨询（5分）
	社会培训（5分）
	承担科研课题（5分）
	发表科研论文（5分）

（1）专业生源，包括录取报到率和录取分数两个二级指标。录取报到率相比招生规模更直接地反映了专业受学生和家长认可的程度；录取分数的得分不是根据录取分数的绝对值来确定的，而是根据录取分数与本市同类专业平均录取分数的比值来确定的。因此，对专业生源的评价更关注质量而不是数量，并充分考虑了专业的社会比较价值。这个一级指标更多地反映了专业的社会影响力，如专业的社会适应性、专业质量、专业声誉和人才贡献，以及学生和家长对学校的信赖等。

（2）专业教学，包括教学改革成果、专业教学质量、校企合作培养和实践教学条件四个二级指标。教学改革成果的数量和质量（获奖情况）是一个专业教学实力的直接体现。专业教学质量的得分采用学生连续三年对专业课程评价的平均分。该二级指标更客观，并体现对教育服务的对象——学生的重视。校企合作培养关注校企合作的深度和合作的真实成效，考虑三个因素：一是近三年有相对稳定的订单班；二是校企开展了两项实质性的合作项目；三是合作企业为本专业投入了达到一定金额的资金、设备、资源。实践教学条件既关注校内实训基地的建设水平（如央财或地方财政支持情况），又关注学生实习的质量。对于有五家战略性合作企业且近三年能接收50%以上的学生实习或就业的专业，其校外实践教学条件建设的质量是过关的。专业教学是直接反映专业核心竞争力的关键指标，其整体水平和独特的教学成果、条件往往是一时难以超越或难以复制的，在整个评价体系中应占有较大权重。在专业教学中，教学内容的更新、课程的建设，以及培养模式、教学模式、教学手段的改革与创新能力都是直接影响专业教学质量的因素，应该放在比较突出的位置。

（3）师资队伍，包括专业带头人（如双师素质人才状况）、师资荣誉、专任教师结构三个二级指标。其中，最主要的是专业带头人。专业带头人是在专业建设中起主导作用的骨干教师，是专业建设的设计者、组织者、建设者。一个好的专业带头人，应该是"行业专家"，能够在三个领域能力突出或具有话语权，即能进"三个圈子"：一是行业圈子，在行业、企业担任一定职务，能接地气；二是职教圈子，如在教育部全国行业职业教育教学指导委员会或北京市级以上的专业教学类学会担任一定职务，在职教同行中有影响力；三是学术圈子，即在科研领域，应用型科研能力突出，有独立主持的市级以上教科研项目，有创新性成果。

（4）培养效果，包括技能竞赛获奖、职业资格证书获取率、就业率和平均起薪四个二级指标。这个一级指标充分体现了高职教育的特点，尤其是在就业方面，不仅看重就业率，更看重学生的平均起薪与本市同类专业平均起薪的比值，它直接反映了就业质量。这是对专业教学质量的反馈性指标。尤其是其中的就业率指标，是市场化评价专业教学质量最具说服力的指标。

（5）社会服务与科研，包括技术支持与咨询、社会培训、承担科研课题、发表科研论文四个二级指标。前两个二级指标是高职教育特点的直接体现，重视专业对产业的服务能力，一方面表明专业的社会贡献度，另一方面体现专业的实践能力及社会认可度；后两个二级指标则直接反映专业的创新能力和可持续发展能力。高职院校的原创能力不能与普通高校相提并论，但由于其具有接触行业、企业和岗位的特点，因此在应用型科研上是有一定优势的。高职专业的创新能力取决于高职教师承担应用课题和帮助企业解决实际问题的科研成果。

根据以上分析可以看出，在专业核心竞争力评价体系中，既有直接体现专业核心竞争力水平的表现性指标或显性指标，如就业率、录取报到率，又有影响性指标，即不直接体现人才培养水平，但直接影响专业教学质量的隐性指标，如师资队伍。从指标要素的内涵来看，在设计时主要采用结果性的数据，并尽可能将其量化。

2. 专业"六度"核心竞争力评价体系

2019 年，《教育部 财政部关于实施中国特色高水平高职学校和专业建设计划的意见》的发布正式拉开了全国"双高计划"建设的序幕。该文件对"打造高水平专业群"提出了明确要求："面向区域或行业重点产业，依托优势特色专业，健全对接产业、动态调整、自我完善的专业群建设发展机制，促进专业资源整合和结构优化，发挥专业群的集聚效应和服务功能，实现人才培养供给侧和产业需求侧结构要素全方位融合。校企共同研制科学规范、国际可借鉴的人才培养方案和课程标准，将新技术、新工艺、新规范等产业先进元素纳入教学标准和教学内容，建设开放共享的专业群课程教学资源和实践教学基地。组建高水平、结构化教师教学创新团队，探索教师分工协作的模块化教学模式，深化教材与教法改革，推动课堂革命。建立健全多方协同的专业群可持续发展保障机制。"

在这样的背景下，高水平专业群建设成为"双高计划"建设的重中之重。在"双高计划"建设过程中，北京财贸职业学院结合职业教育发展的新形势、新政策和新理论，延续并发展了 2013 年提出的专业核心竞争力思想，在建设方案中明确提出，要"从'产业契合度、技术跟随度、城教融合度、校企协同度、国际对接度、利益方满意度'六个维度重构专业（群）'核心竞争力评价体系'，建立专业（群）'调研一年一次、评价三年一次'的管理规范，通过红黄绿预警机制，形成'培优汰劣'的专业（群）管理与发展机制，实施专业分类管理"。

由此，北京财贸职业学院创新性地研制了专业"六度"核心竞争力评价体系，并对六个维度进行了指标细化，形成了一套完整的专业核心竞争力评价办法。专业核心竞争力评价采用定性与定量相结合的评价方式，要求各参评专业按照统一的格式与体例开展自评工作，撰写自评报告，并按照具体要求报送相关指标结果。在评价过程中，对部分指标采用校内排位法进行定量评价，对部分指标采用德尔菲法（专家评价法）针对专业自评内容进行建设成效的专家评价，并最终结合定量与定性评价部分，汇总成专业核心竞争力评价总体结果。专业"六度"核心竞争力评价体系如表2-2所示。

表2-2 专业"六度"核心竞争力评价体系

一级指标	权重	编号	二级指标	权重	六度
战略定位	15%	1-1	区域发展战略契合度	5%	产业契合度
		1-2	人才培养面向高端性	4%	产业契合度
		1-3	战略合作项目示范性	3%	校企协同度
		1-4	学校发展战略贡献度	3%	城教融合度
改革举措	30%	2-1	立德树人改革力度	5%	利益方满意度
		2-2	技术赋能改革力度	5%	技术跟随度
		2-3	文化赋能改革力度	5%	城教融合度
		2-4	校企合作改革力度	5%	校企协同度
		2-5	技术服务改革力度	4%	校企协同度
		2-6	课程建设改革力度	4%	技术跟随度
		2-7	学科建设改革力度	2%	技术跟随度
关键能力	20%	3-1	基层党组织战斗力	4%	利益方满意度
		3-2	专业负责人影响力	4%	利益方满意度
		3-3	同专业领域领导力	4%	利益方满意度
		3-4	资源市场化整合力	4%	城教融合度
		3-5	毕业生高端就业力	4%	产业契合度
核心成果	25%	4-1	课程思政资源规模	3%	利益方满意度
		4-2	非学历培训到款额	3%	校企协同度
		4-3	技术服务到款额	3%	校企协同度
		4-4	各类证书考证率	3%	产业契合度
		4-5	课程目标达成度	3%	产业契合度
		4-6	师生各类获奖数	3%	产业契合度
		4-7	国际化建设成果	3%	国际对接度
		4-8	教育教学满意度	2%	利益方满意度
		4-9	用人单位满意度	2%	利益方满意度

续表

一级指标	权重	编号	二级指标	权重	六度
资源条件	10%	5-1	专业在校生规模	2%	城教融合度
		5-2	高层次双师数量	2%	城教融合度
		5-3	生均培养总费用	2%	城教融合度
		5-4	实践教学设备值	2%	城教融合度
		5-5	教改项目总经费	2%	城教融合度
专业自述	10%	6-1	专业核心竞争力特色及亮点描述	10%	—
合计	100%+10%				

2022年，北京财贸职业学院利用专业"六度"核心竞争力评价方法分别对学校的专业群和专业进行了核心竞争力评价，形成了专业（群）"六度"核心竞争力评价报告。从学校总体评价结果来看，在本次专业（群）"六度"核心竞争力评价中，本校整体表现良好，在各维度评价中指标平均得分率均能达到60%以上。其中，利益方满意度、国际对接度、技术跟随度表现更佳，指标平均得分率达到70%以上，校企协同度指标平均得分率相对较弱，为60.56%。评价结果表明，本校在院校建设、人才培养、专业影响力等方面得到各利益方的广泛认可和较高评价，在紧跟产业技术发展、国际化建设等方面成果突出，在校企协同等方面尚存在一定的提升和改进空间。本专业（群）"六度"核心竞争力评价各维度指标平均得分率如图2-1所示。

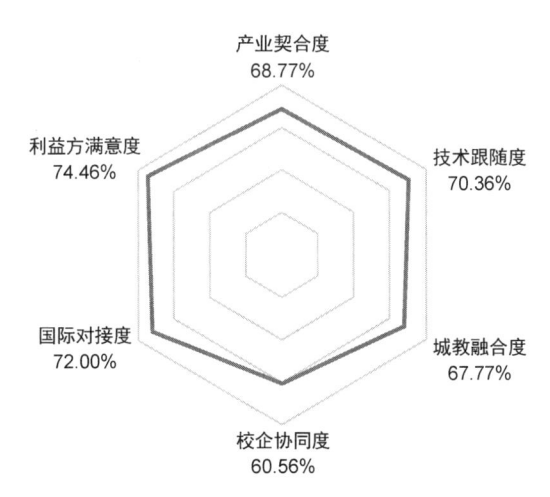

图2-1 专业（群）"六度"核心竞争力评价各维度指标平均得分率

三、专业核心竞争力的培育策略

专业核心竞争力关系到专业人才的培养质量,关系到专业对接产业发展能力的水平,决定了专业可持续发展的生命力。根据专业核心竞争力的特征与内涵,专业核心竞争力的培育应该采取"四化一协调"的发展策略。

一是差异化竞争的发展策略。按照战略三角分析方法,一种好的专业发展策略应在自身优劣势、竞争对手优劣势和客户(市场)需求之间找到最佳契合点,坚持"人无我有、人有我优、人优我特"的策略,在人才培养的目标定位、就业面向、校企合作资源建设、课程体系构建方面,要实施错位竞争,尽量选择别人没有关注或涉及较少,但又确有市场需求的领域,或者别人有优势,但我方更有优势,市场需求量较大的领域,确定学校的专业设置和新增专业发展方向,确定每个专业的培养目标,尽量避免与同类院校开展同质化竞争。

二是标杆化竞争的发展策略。所谓标杆化竞争,就是找到自己有哪些地方不如竞争对手,在赶超竞争对手的时候设立标杆,每次跳过一个标杆,再设立新的标杆,这样督促自己不断进步。开办专业同样需要寻找标杆,要向全国办得最好的专业学习和看齐。例如,在进行专业评价、确定专业建设规划时,一定要开展深度的调研,了解中国乃至世界上同类院校办得最好的专业,看看它们在课程体系搭建、实训基地和条件建设、校企合作开展、教学资源准备方面是怎么做的,有哪些值得借鉴和学习的地方,取得了哪些重要的成绩和经验,要向标杆学习,树立自己的专业建设目标和方向,确定严格的专业建设计划和步骤,不断督促本校的专业建设工作。实施标杆化竞争策略,要有国际化视野,专业不能关起门来办,要善于借鉴发达国家职业教育的先进经验;实施标杆化竞争策略,不是简单照搬标杆经验,而是在学习中超越,发展自身的专业特色。

三是品牌化竞争的发展策略。专业建设要注重培育那些因地域、办学积累而形成的,体现了专业历史、专业文化、专业品牌的特色性资源,要培育专业品牌和品牌专业,发挥品牌的优势与吸引力。例如,潘序伦先生创立的立信会计品牌在北京财贸职业学院立信会计学院的会计专业得到了继承与发扬,该专业注重发挥立信会计品牌的文化优势,开设立信会计文化课程,开展立信会计品牌科学研究,在北京市乃至全国的会计专业中形成自己的影响力和特色。实施品牌化竞争策略,关键是要传承专业文脉,坚守专业的核心价值,保持稳定的专业教学质量,在竞争中凸显自己的特色价值。

四是结构化竞争的发展策略。从学校的专业建设来看,需要建立一个科学的专业布局,以促进专业之间的优势互补与相互支撑。我们应该明确,从专业布局来看,首先,一所学校应该有自己的拳头品牌——龙头专业,它代表了这所学校的特色和办学水平,让别人一说到这所学校,先想到的就是这样的一个或几个专业。学校应该举全力开办自己的龙头专业,要将优势资源和力量集中在这样的专业上。其次,在这些龙头专业的引领下,应该形成一定的优势专业群,依托这些龙头专业来开办骨干专业或特色专业,同时也能确保学校的办学规模,充分利用各类教学资源。最后,从相互借力和支撑专业发展的角度,围绕学校办学的基础条件,在确有人才需求的情况下,也可以开办一些能对其他专业起到支撑和基础性作用的专业,如语言文化教育类专业、计算机类专业等。开办这类专业的好处在于,一来各院校自身就有公共教学资源、条件和师资的储备,二来也能对这些教学资源进行有效利用,还有利于这些基础课教师的专业发展。

五是守成与创新相协调的发展策略。无论是从学校整体还是单个专业的角度,都应该注意协调好守成与创新的关系。即使学校现有的专业结构已经趋于优化与合理,也应该建立动态管理机制,因为社会经济发展的趋势和人才市场需求的变化一直在持续,原来占据优势地位的专业很可能在未来面临产业结构调整、人才需求不足的情况。因此,开展定期的专业调研,做好新专业建设的储备应该成为学校的常态工作。单个专业的建设也应树立创新意识,尤其是一些传统的老牌专业,即使能够利用专业办学历史中积累起来的优势与资源办好专业,也不能仰仗着"吃老本",要着眼于专业的长远发展,不断开拓新的办学资源，拓展专业的办学思路，学会在变化的市场需求中灵活调整专业的办学定位和发展方向。

综上所述，专业建设是高职院校持续健康发展的生命线，北京财贸职业学院以专业核心竞争力为突破口，在开展专业评价的基础上，实施专业核心竞争力培育策略，以不断提升专业建设水平，优化专业结构，促进学校整体办学质量的提高。

2.4 契合产业的专业结构

一、专业设置与产业需求契合度基本原理

（一）政策导向效应

产业的发展离不开政策的支持与引导，政策导向代表着未来一段时间产业的发展方向和重点内容。得到政策支持的产业在发展过程中将得到加速与重点扶持。因此，高校专业在确定自身所对接的产业时，除注重专业属性所决定的主要对接领域外，还需要注重该产业是否是政策的重点支持方向和发展方向，以实现专业与产业的同频高效发展。从效果的角度来看，在市场经济条件下，即便没有明确的政策支持，产业的兴盛与消亡也将呈现完整的生命周期，这种周期是客观存在的。而政策的支持与否，将对产业的发展产生促进或抑制的作用。因此，高校各专业所对接产业的政策支持力度，对产业发展的影响将呈现比例性扩大的态势。政策支持力度越大，产业发展环境越好，产业发展越快，对高校相关专业的影响也越大。

（二）供需契合情况

专业设置与产业需求契合度核心表现在人才供给情况和产业实际需求之间的关系上。产业对高校各专业毕业生的需求不仅表现在数量方面，更表现在人才层

次、规格、知识和能力等方面。同时，产业在招聘高校毕业生的时候，呈现出劳动力市场的基本属性，如职位、岗位、薪资、就业地、雇主类型/规模等。这种供、需两个方面的叠加效应在职业教育中体现得尤为显著，构成了高职院校专业设置与产业需求契合度的主要内容。具体为：

（1）产业需求规模与专业规模的契合情况。产业对人才的需求是刚性的，也就是说，一定时期内劳动力市场上的就业机会是客观存在的，但是专业规模大并不意味着就业规模也大，产业需求规模与专业规模之间的契合关系并不是线性的，也不是显性的。

（2）产业岗位类型与专业口径的契合情况。产业的岗位类型数与人才需求数并非完全呈现线性关系。岗位类型丰富并不代表人才需求数大，而是代表产业发展所需职能更多，反映到高校专业中，则意味着专业的口径范围。若岗位类型丰富，则代表专业口径较宽，学生须具备适应不同岗位的能力基础；若岗位类型较少，则代表专业口径较窄，学生须在某一领域更加精专。但过宽或过窄的专业口径都不利于学生的就业，因而各专业所对接的岗位类型应维持在一种相对均衡的状态。

（3）岗位的任职要求与专业培养规格的契合情况。在产业的岗位需求中，通常会描述该岗位对求职人员的任职要求，学生能否与产业岗位相匹配的重要因素在于其掌握的知识、能力、素质是否与社会需求相契合。一般情况下，学生掌握的知识、能力、素质与任职要求越匹配，则更容易获得该岗位。

二、产教匹配专业结构调整的北京财贸职业学院实践

高职院校的专业设置应当根据区域经济发展需求和地方产业转型升级的需要及时进行优化与调整，确保专业人才培养与社会需求相匹配。根据北京市及通州区经济社会发展的实际需求，北京财贸职业学院不断针对性地调整院系及专业设置，专注财经商贸大类和旅游大类的人才培养，沉淀了浓厚的财贸特色。

2015年，北京财贸职业学院针对就业和生源市场的变化，以及自身专业区分度不高、专业核心竞争力不足等问题，果断停办6个老旧专业。在撤并专业的同时，对接首都产业升级与经济结构调整，面向新业态、新职业发展，结合北京财贸职业学院已有的办学基础和特色，申报新增空中乘务（航空服务与管理）、视觉传播设计与制作2个专业，2016年开始招生，新增会计（税务会计）1个专业方向。为满足国际化办学要求，拓宽人才培养路径，申报获批1个中外合作专业——旅游管理，1个会计中美合作项目。

2016年，围绕首都功能定位和通州区域经济发展，北京财贸职业学院组织申报了5个新专业，其中学前教育、影视多媒体技术、建设工程管理和工程造价4个专业获教育部和北京市教育委员会（以下简称"北京市教委"）批准设置，列入2017年拟招生专业计划。

2017年，高职共设置招生专业22个，其中首次招生专业有4个。根据首都产业升级和城市功能定位调整的需要，又申报了互联网金融和建筑室内设计2个新专业，基本形成科技金融、智慧会计、智慧商业、文化旅游、智慧建管五大专业群体系。此外，北京财贸职业学院继续推进专业升级改造工作，制定了《关于推进专业升级改造行动计划的实施方案》，提出了以"产业契合度高、技术跟随度高、用人单位与学生满意度高，具有国际先进水平"为核心指标的骨干专业和特色专业建设标准，指导二级学院在专业设置、校企合作、课程教学、实训条件建设、师资队伍建设等方面开展专业升级改造工作。

北京财贸职业学院起源于财贸行业，专业面向一直聚焦于财贸类专业，形成财、贸两大基础专业群。在首都产业不断升级与调整优化中，现代服务业迅速发展，在首都经济中的占比不断提高，其中旅游和文创产业迅速崛起。学校为适应市场需要，以财贸为核心，向外延伸，建立了文化旅游专业群。学校在专业建设上一直坚持以财贸为核心，围绕北京市现代服务业在画同心圆，并且严格限定专业数量，不受市场诱惑，坚持精耕细作，培育专业核心竞争力。

第二章 高职商科的发展架构

随着首都产业不断升级与调整优化，北京财贸职业学院不断调整专业布局，动态契合产业发展方向，逐步形成"骨干专业引领、特色专业支撑、新专业补充"的"雁式"专业体系。在培养目标上，北京财贸职业学院从干部培训到成人高等教育，始终定位于管理者；进入职业教育阶段，继续延续这一优势，着力培养现代服务业基层管理岗位急需的高端技术技能人才。

"十三五"以来，学校根据《北京财贸职业学院"十三五"事业发展规划》，以内涵发展为引领，实施了专业核心竞争力提升计划，形成了服务首都功能定位、对接现代服务业发展的集群化专业体系。截至 2017 年，学校按照紧贴现代服务业转型升级和北京城市副中心建设的要求，建设了 24 个高职专业，形成了以财经、商贸类骨干专业为引领，以旅游、文创类特色专业为支撑，以建管、学前等新专业为补充的"雁式"专业体系，专业设置高度契合首都产业发展尤其是北京城市副中心建设的需要。专业设置体系图如图 2-2 所示。

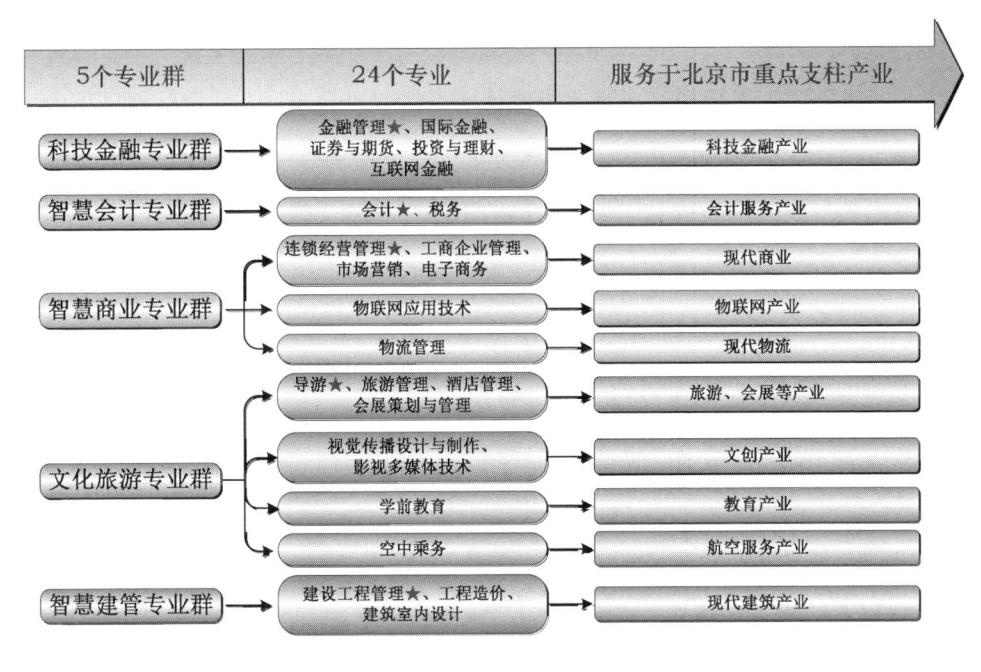

5个专业群	24个专业	服务于北京市重点支柱产业
科技金融专业群	金融管理★、国际金融、证券与期货、投资与理财、互联网金融	科技金融产业
智慧会计专业群	会计★、税务	会计服务产业
智慧商业专业群	连锁经营管理★、工商企业管理、市场营销、电子商务	现代商业
	物联网应用技术	物联网产业
	物流管理	现代物流
文化旅游专业群	导游★、旅游管理、酒店管理、会展策划与管理	旅游、会展等产业
	视觉传播设计与制作、影视多媒体技术	文创产业
	学前教育	教育产业
	空中乘务	航空服务产业
智慧建管专业群	建设工程管理★、工程造价、建筑室内设计	现代建筑产业

图 2-2　专业设置体系图

此外，为全面落实教育规划纲要、全国职业教育工作会议，以及教育部和北京市有关深化职业教育领域综合改革的总体部署与文件要求，适应首都功能疏解和经济转型新要求，紧密对接现代服务业转型升级和北京城市副中心建设需要，进一步提升专业核心竞争力，提高人才培养质量，学校制定了《现代服务业品牌专业建设计划》（以下简称《建设计划》）。《建设计划》围绕北京"四个中心"功能定位，主动服务北京城市副中心现代服务业发展需求，纵深推进城教融合、校企合作，着力从"产业契合度、技术跟随度、城教融合度、校企协同度、国际对接度、利益方满意度"六个维度提升专业建设品质。以现代信息技术和北京特色文化赋能人才培养，重点建设科技金融专业群、智慧会计专业群、智慧商业专业群、文化旅游专业群、智慧建管专业群，打造商科专业知名品牌。

在产教对接上，学校发挥区位优势，加快建成与北京城市副中心现代服务业转型升级相适应的专业体系。以信息技术为支撑，以文化为引领，对接运河商务区总部经济、金融服务、专业服务等产业，全力打造科技金融专业群、智慧会计专业群、智慧商业专业群；服务北京"国际交往中心"定位，对接城市副中心文化旅游区建设，创新发展文化旅游专业群；对接智慧城市、智能建筑等城市可持续发展所需产业，培育智慧建管专业群的特色化发展；服务北京大兴国际机场建设，大力扶持空中乘务新专业的发展，培育关系民生、提供生活服务的学前教育新专业的建设。学校品牌专业（群）体系图如图2-3所示。

学校现代服务业品牌专业（群）建设以具有财贸鲜明特色、具备国内一流水准、比肩国际先进水平为目标，全面提升专业品质，促进在大数据、人工智能、移动互联网、云计算等技术引领下的现代服务业转型升级，形成产业对接精准、专业技术领先、行业服务贴切的示范效应，建成以"六度"为标识的商科职业教育品牌专业（群），建设"北京标准""首都模式"，面向全国产生推广、示范效应。

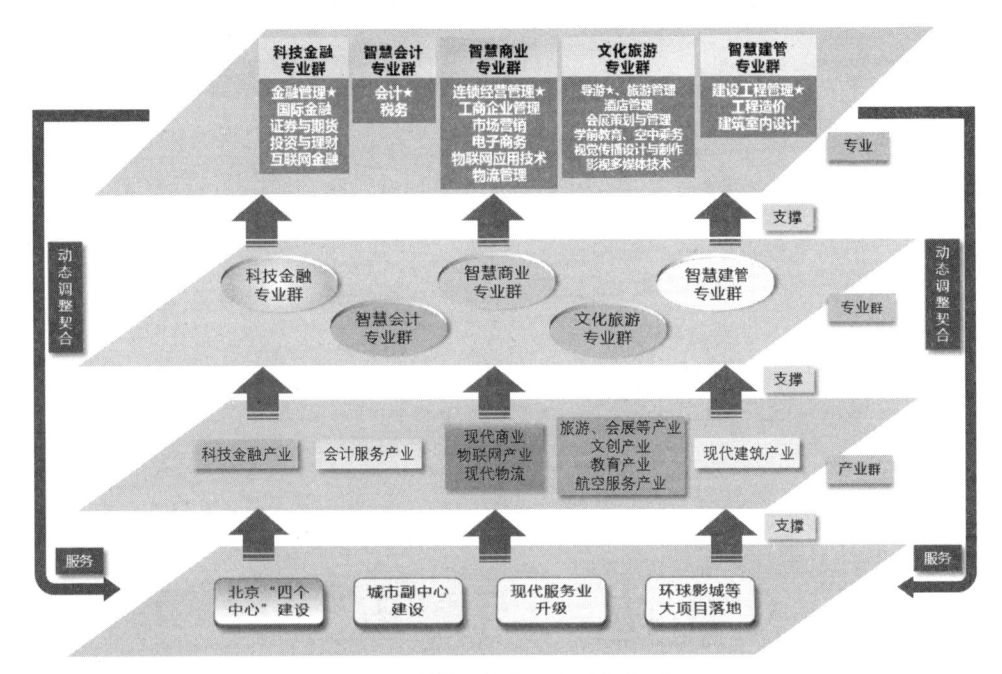

图 2-3 学校品牌专业（群）体系图

第三章

文化技术的双重赋能

3.1 新商科文化技术转向

全面推动国家服务业扩大开放综合示范区建设，高标准、高质量建设中国（北京）自由贸易试验区，"两区"联动探索制度型开放新路径是立足新发展阶段、贯彻新发展理念、构建新发展格局的重要内容，也是北京市加强"四个中心"功能建设、提高"四个服务"水平，推动北京城市副中心高质量发展的动力和引擎。

北京财贸职业学院地处北京城市副中心，作为国家特色高水平职业院校建设单位，学校积极响应国家号召，把握政策机遇，立足"两区"建设，发挥地缘优势，自 2019 年"双高计划"建设以来，实施新商科品牌专业群建设工程，用技术与文化双重赋能，推进"品牌专业群建设、服务区域发展、产城教融合升级、输送技术技能人才"四措并举，打造"中国服务"北京方案，彰显出在服务"两区"建设，支持城市副中心发展中的创新意识与责任担当。文化技术双重赋能下的新商科品牌专业群建设工程如图 3-1 所示。

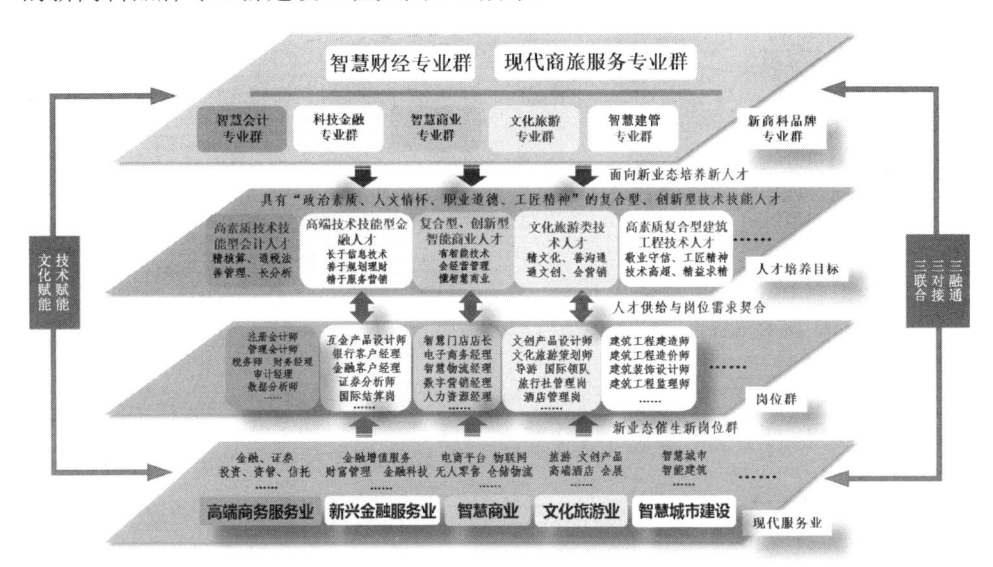

图 3-1 文化技术双重赋能下的新商科品牌专业群建设工程

（一）专业"六度"核心竞争力引领品牌专业群建设

为集中力量建设一批引领改革、支撑发展、中国特色、世界水平的高职学校和专业群，带动职业教育持续深化改革，强化内涵建设，实现高质量发展，北京财贸职业学院以"财贸特质、首都特色、国际知名"的新商科职业院校办学目标为引领，紧紧围绕"双高校""特高校"建设，培育质量高、竞争力强的专业（群），构建了对接产业的"产业契合度、技术跟随度、城教融合度、校企协同度、国际对接度、利益方满意度"专业"六度"核心竞争力评价体系，建立三年一轮全面评估的管理规范，通过红黄绿预警机制，培优汰劣、动态调整，保障学校的专业规模适度、专业结构合理、专业（群）可持续发展。

（二）推行"城教融合、校企双主体"的人才培养模式

依托学校与城市副中心共同建设的职业教育综合改革试验区，推进产教融合、校企合作机制创新，统筹企业优势资源，引企入教，组织建设工程师学院（"双主体商学院"）、技能大师工作室、教育部"十百千""校企双主体合作育人"项目，建设城市副中心区域综合性高水平公共实训基地。

校企协同成立中国商科职业教育协同研究中心，开展以学生为中心、以成果为导向持续改进的国际化专业标准建设，在此基础上提供商科职业教育的"中国方案"。积极参与各类国际化、创新型人才培养模式改革试验，探索"职普融通""中高本衔接"规律，完善学校技术技能人才培养体系，为高端技术技能人才的培养搭建"立交桥"。

（三）聚焦扬长教育，输送高端技术技能人才

产业转型升级对技术技能人才的培养质量提出了更高的要求，而高职院校生源结构则日趋多元，来自普通高中、中职学校的毕业生及扩招学生汇聚一校，多样化需求为人才培养带来巨大挑战。提高人才培养的适应性成为职业教育高质量发展的关键任务，是破解职业教育社会吸引力不足，学生和家长、企业和社会认

可度不高这一难题的"金钥匙"。为此，学校在"双高计划"建设中提出坚持"人人是胜者"的育人理念，全力推行扬长教育，努力营造人人皆可成才、人人尽展其才的良好环境。

学校以学习者为中心，将社会需求与人的发展紧密结合，构建"财贸职业素养教育贯穿始终，学业支持与教学管理体系、高水平专业发展体系、路径通达课程体系、'三个课堂'教学体系四维支撑"的扬长教育人才培养体系，如图 3-2 所示。

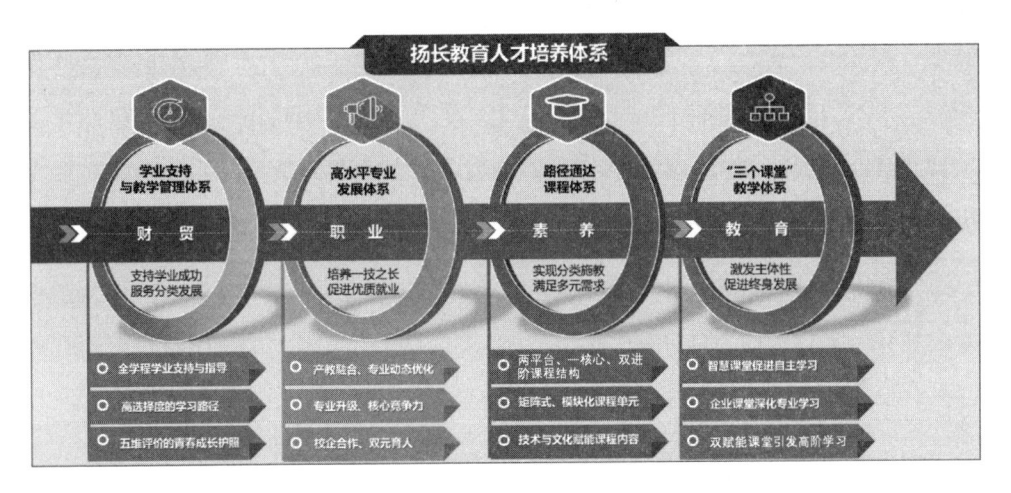

图 3-2 "一贯穿、四支撑"的扬长教育人才培养体系

（四）以国际专业认证为契机提高人才培养质量

贯彻落实国家及北京市新阶段对高质量职业教育的新要求，开展国际专业评估认证是实现职业院校对接国际通用标准，加快建设具有国际先进水平的中国特色职业教育体系的重要举措。学校在"双高计划"建设中紧跟行业发展前沿，对接英国国家学历学位评估认证中心，建立会计和金融管理专业的国际标准，并获得国际可比性证书，达到英国资历框架（RQF）五级和欧洲资历框架（EQF）五级水平，被 UK NARIC 拟定纳入"一带一路"桥梁计划，创新探索了财经商贸专业标准国际可比较的新路径。

3.2 新商科专业文化赋能

一、文化赋能专业建设思路

文化是一个国家、一个民族的"灵魂"。文化兴则国运兴，文化强则民族强。当前我国正处于新经济发展时期，新经济是以科技创新为核心，以全面创新为引领和支撑，以体制机制改革和制度创新为根本保障，以新技术、新产品、新模式、新业态、新产业等为主要内容，代表时代先进生产力的一种新的经济结构和经济形态。在新经济时代，商业、技术、人文相互交融与相互促进，以文化引领新经济业态成势成型，以文化赋能商业发展，从而更好地推动商业结构转型升级与高质量发展。

京商文化是北京历史文化的重要内容，京商的发展史也是北京城市史的重要组成部分。北京拥有3000多年的建城史，850多年的建都史，历代商业人的经营智慧凝聚成了京商，形成了底蕴深厚的京商文化。

现代京商的发展既传承了数千年历史文脉，又融合了现代流通创新。首先，京商老字号是京商历史精髓之所在，一系列诸如鸿宾楼、张一元、王致和、六必居、全聚德等老字号企业的历史性发展充分证明了，京商的发展是传承历史文脉与创新现代流通相结合的结果。其次，海纳百川、开放融通的文化内涵成就了现代京商的国际化视野，北京作为首都，汇聚了来自国内外的商业资源，为现代京商的发展带来了新的业态、新的发展理念、新的经营管理模式和新的竞争格局，使京商文化更加开放、更具活力。此外，北京的首都地位也造就了现代京商的社会责任感。

京商文化在财经类高职教育专业建设中具有丰富的价值。党的二十大报告指出："全面建设社会主义现代化国家，必须坚持中国特色社会主义文化发展道路,增强文化自信,围绕举旗帜、聚民心、育新人、兴文化、展形象建设社会主义文化强国,发展面向现代化、面向世界、面向未来的,民族的科学的大众的社会主义文化,激发全民族文化创新创造活力,增强实现中华民族伟大复兴的精神力量。"而弘扬优秀传统文化是增强文化自信的重要手段。京商文化是极其丰富的文化遗产和精神财富,具有超高的教育价值,对于财经类高职院校而言,主要体现在传承历史文化、培养职业意识、提升职业素养等方面。其中,在传承历史文化方面主要有两个目的:一是继承京商文化的精华,弘扬京商的优秀伦理道德;二是将京商文化放进当今时代发展的大背景中进行重新整合与优化,培养学生的文化创新能力。在培养职业意识方面也有两个目的:一是帮助学生树立正确的职业价值观,让学生认识到所从事的职业是有价值、有意义的;二是帮助学生确立既源于现实又高于现实的职业理想,相信自己所从事的职业有发展前景并愿意为之努力奋斗。在提升职业素养方面,京商老字号经营上的诚实无欺、品质上的精益求精、服务上的细致周到等特点对于财经类高职人才的职业素养培养具有重要的参考价值。

从 2005 年开始,京商文化研究迈入了起步阶段。北京财贸职业学院作为京商研究的发起单位,依托北京市教委科技创新平台——京商文化研究科技创新平台,以北京财贸职业学院京商研究团队为骨干,经过多年的积累和系统研究,在京商研究上取得了阶段性的进展,在高职中国商文化教育领域形成了特色和品牌。北京财贸职业学院新商科专业文化赋能主要体现为聚焦老字号、非遗等京商文化,联合老字号企业、非遗传承人等大师,通过大师工作室、资源库、文化讲堂等建设,着力构建京商软文化,形成京商文化传承与创新的一面旗帜。

二、文化赋能教学模式改革

(一)将京商文化融入职业素养教育

北京财贸职业学院是京商研究的发起单位,自 2005 年启动京商研究以来,以京商老字号、北京历史文化特色商业街、商业非遗文化研究为重点，开设京商大讲堂，将非遗大师请进课堂，积极传承、传播京商文化。现在，京商大讲堂已成为学校传播京商文化的品牌教学活动。

仅 2021 年，学校就邀请口技国家级代表性非遗传承人牛玉亮、花丝镶嵌国家级代表性非遗传承人袁长君、智化寺京音乐国家级代表性非遗传承人胡庆学、北京物资学院运河研究专家陈喜波、中央民族大学民族服饰研究专家祁春英、北京史研究专家李建平、功夫街品牌创始人与太极功夫舞创始人潘沁、北京工商大学商业经济研究所洪涛教授等为学生开设讲座。

（二）将传统文化和专业文化纳入课程设置

在课程建设上，学校层面，将文化赋能课程纳入学校层面的公共选修课系列，按限选课开设，如三选一；专业群层面，将文化赋能课程连同中国服务及技术赋能课程三类课程纳入专业群的职业平台课。"文化赋能"系列共规划 11 门课程，每门课程 32 学时，2 学分。其中，学校层面共 4 门通识课程，聚焦中华优秀传统文化、北京地域代表文化两类课程，面向全院所有学生以通识选修课的方式开设；专业群层面共 7 门课程，主要面向科技金融、智慧会计、智慧商业、文化旅游、智慧建管五大专业群开设，作为专业限选或进阶课。以下为"文化赋能"系列课程的简介。

1. 走近世界城市文化遗产

32 学时。本课程主要讲授世界优秀文化遗产聚集的城市的发展，将世界上的不同文化与城市发展进行比较。课程分为三个部分：世界文化遗产概述；中国世界文化遗产代表城市——北京、西安；世界其他地区世界文化遗产代表城市——印度德里、埃及开罗、法国巴黎、意大利佛罗伦萨、英国伦敦。目的是帮助学生更好地了解世界文化的发展，促进东西方文化的对比与交流；深入了解世界文化遗产所蕴含的中国传统文化的内涵；深入了解世界，了解中国，在辩证中认识东西方文化；构建基本的世界文化遗产认知，增强学生的文化自信。

2. 走近中华优秀传统文化

32 学时。本课程主要讲授中华优秀传统文化的历史渊源，以及"讲仁爱、重民本、守诚信、崇正义、尚和合、求大同"的核心思想理念，包括概述、通识文化、地域文化、革命文化四个部分。目的是弘扬中华优秀传统文化，帮助学生建立基本框架，增强学生的文化自信。

3. 走近京味文化与技艺

32 学时。本课程主要分析京味文化形成的环境因素和历史脉络，查找资料对京味文化进行分类（胡同、饮食、商业文化、皇家文化、寺庙文化、士大夫文化、市井文化等），对每一类京味文化的起源、特点、技艺传承与创新进行介绍。

4. 走近北京运河文化景观

32 学时。本课程主要讲授中国的世界文化遗产项目——大运河的发展渊源、经济作用、历史地位、沿途主要城市，以及北京地区与大运河项目有关的文化遗产、特色景观，大运河对北京城市发展的作用等。包括大运河概述、大运河与北京、北京大运河特色景观、大运河文化旅游开发四个部分。

5. 京商老字号文化

32 学时。本课程以京商老字号文化的传承和创新为主要内容，包括概述、品牌文化、非遗文化、文化创新四个部分。目的是通过教材和课程建设，使学生了解京商老字号的发展环境、传承脉络和时代创新，领悟"厚德、包容、诚信、精湛"的京商老字号文化核心理念，提升职业素养，传承京商商脉。

6. 文创产品开发

32 学时。本课程是基于文创产品的创意设计课程，一方面挖掘中国传统文化元素，发现区域文化特色，另一方面结合当下的消费需求创造性地开发出新的文创产品，在理论与实践两个方面锻炼综合的创意思维能力及产品加工与制造能力。

7. 中餐宴会礼仪

32 学时。中餐宴会是中国餐饮文化的重要组成部分，在重要国事、政务、商务接待中，宴会礼仪尤其重要。本课程主要讲授中餐宴会概况、赴宴礼仪、宴会台面礼仪、宴会桌次礼仪、宴会座次礼仪、宴会服务及用餐礼仪、酒水礼仪、用茶礼仪等内容，让学生学礼仪，感受中餐宴会的文化魅力。

8. 会计文化

32 学时。本课程是会计专业的专业基础课程，是必修课程。目的是对会计的历史知识、会计的基本历程和会计现象进行论述与评价，帮助学生了解会计的基本知识，为学生在这一领域的进一步学习提供依据。本课程也将使学生理解和欣赏会计的美，从而提升对会计的热爱。

9. 金融文化

32 学时。本课程主要介绍中国金融文化的起源、现代金融文化的发展历程、社会主义金融文化等内容。目的是通过该课程的学习，使学生了解中国金融文化的发展历程，充分理解中华民族优秀传统价值观与价值取向、道德准则与伦理观、法律意识与规范等在特定的金融领域中的影响和作用，掌握中国特色社会主义金融文化的核心内容，自觉坚持诚信、合规、敬业等金融职业操守，共同维护金融行业的稳定与健康发展。

10. 旅游文化

32 学时。本课程主要介绍中国丰富的旅游文化资源，包括民俗文化、建筑文化、园林文化和饮食文化四个部分。目的是使学生通过学习，能感知中国文化之美，能对各种旅游文化资源进行文化鉴赏，进而提升文化素养，增强文化自信，激发强烈的爱国情怀。

11. 建筑文化

32 学时。本课程主要讲授中外建筑文化，理论与实践结合，包括礼制文化与建筑、宗教文化与建筑、地域文化与建筑、国际化与建筑四个部分。目的是通过解读各种文化在建筑中积极正面的展现，使学生开拓文化视野，增强文化自信，培养建筑审美情趣，提高人文理念。

北京财贸职业学院文化赋能课程建设如表 3-1 所示。

表 3-1 北京财贸职业学院文化赋能课程建设

类　型	学 校 层 面	专业群层面
文化赋能	走近世界城市文化遗产	京商老字号文化
	走近中华优秀传统文化	文创产品开发
	走近京味文化与技艺	中餐宴会礼仪
	走近北京运河文化景观	专业文化系列课（会计文化、金融文化、旅游文化、建筑文化）

（三）将京商文化融入专业教学资源库建设

北京财贸职业学院是教育部"职业教育民族文化传承与创新专业教学资源库"（编号：2013—11）中华老字号文化子库的主持单位。学校与用友基金会合作，依托"商的长城"重点项目"中华老字号非物质文化遗产传承及应用研究"，开展中华老字号非遗文化的调研和资料搜集、整理工作。共整理上百家老字号非遗企业资料、80 项国家级老字号非遗技艺资料及诸多国内外相关非遗政策文件资料。

学校科研团队多年来深入同仁堂、全聚德、东来顺、内联升、吴裕泰、张一元、红螺等数十家京商老字号企业，协助企业开展文化溯源研究、非遗传承研究、企业文化建设研究、发展战略研究等老字号发展研究，参与北京市商务局在东城区、西城区等区县开展的老字号发展政策研究，开展前门、王府井、南锣鼓巷等历史文化街区专题研究，创建京商文化研究品牌，形成京商研究积累。

在此基础上，学校主持了中华老字号酒文化、茶文化、中医药文化等专项资源库建设，其中仅学校负责的中华老字号企业史料中心就上传文件 1933 份、老字号不同历史时期代表性图片1717张，完成94条视频资料的剪辑。通过主持建设国家级老字号文化教学资源库，形成老字号文化资源积累。资源库通过智慧职教平台面向全国高职院校师生开放共享，不断发挥学校的示范、引领作用。

3.3 新商科专业技术赋能

科技是第一生产力。当前，全球新一轮科技革命和产业变革深入推进，以人工智能、物联网、大数据、区块链等为代表的新一代信息技术正在推动人类社会进行深刻变革。随着信息技术与各行各业的交叉融合发展不断推进，新产业、新业态、新模式竞相涌现。技术成为各行各业演化升级的核心引擎。

北京财贸职业学院坚持利用技术赋能专业建设，与瑞银科技、用友、中联、阿里巴巴、京东、百度等高科技龙头企业合作，共建智能财税、金融科技、电商物流、文创产品、智慧建造、服务机器人应用六个研发中心和大师工作室，同时利用技术赋能教学模式改革，形成技术赋能人才培养与社会服务的典范。

一、技术赋能专业建设思路

产业的变革必然引起人才需求的变革。产教紧密融合、校企全程合作是职业教育高质量发展的必要条件。北京财贸职业学院联合北京市现代服务业领域的代表性领军企业，集聚政、行、企、校四方优质资源，实施现代学徒制、订单班、企业课堂等丰富的校企双元育人模式（见图3-3），开设紧密结合产业升级发展的财经商贸数字化转型专业和技术赋能课程，在优质办学资源的供给上持续发力，努力提升自身的适应性、认知度和吸引力。学校办出了职业教育的类型特征，并将进一步在产教研创一体化、融合化发展的道路上开拓创新。

第三章 文化技术的双重赋能

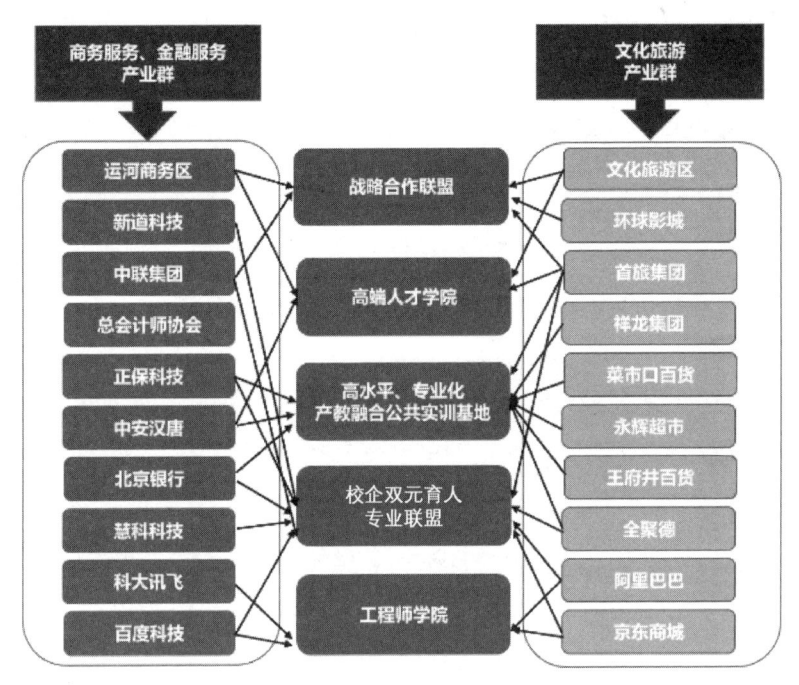

图 3-3 校企双元育人模式

二、技术赋能教学模式改革

数字技术与财务、金融深度渗透融合，涌现出数字化财务、数字化销售、数字化采购、数字化仓储、数字化营销、数字化金融、服务机器人运营、财务共享等新职业与新岗位。学校将财经信息技术创新应用作为赋能实训教学的关键基础和支撑，加快构建适应数字经济要求的产教融合校企双元育人新生态，通过技术赋能提升新时代财经职业教育的人才培养水平，实现专业建设变革，充分运用大数据、云计算、人工智能等新技术开展虚拟仿真教学，促进教学模式改革。

依据学校实训基地建设总体规划，智慧财经虚拟仿真实训基地建在校内财贸实训大楼内，包括"一个云平台和六大中心"。此基地按照"教学实训一体化、工作场景一体化、教科研一体化、育训一体化"的理念，将新一代虚拟现实（VR）、混合现实（MR）等信息技术与财经职业教育有机融合，将智慧财经产业业务活动、典型工作任务通过虚拟仿真与实训教学有机融合，将实训教学"有趣、有用、有效"与教师、教材、教法"三教改革"有机融合，将校企合作共建共享和人才共育与"双师型"创新团队建设有机融合，充分发挥学校建在北京城市副中心的区位优势，实施产城教融合、校企深度协同的育人机制，实现实训教学、技术创新和社会服务的一体化。

智慧财经虚拟仿真实训基地功能规划示意图如图3-4所示。

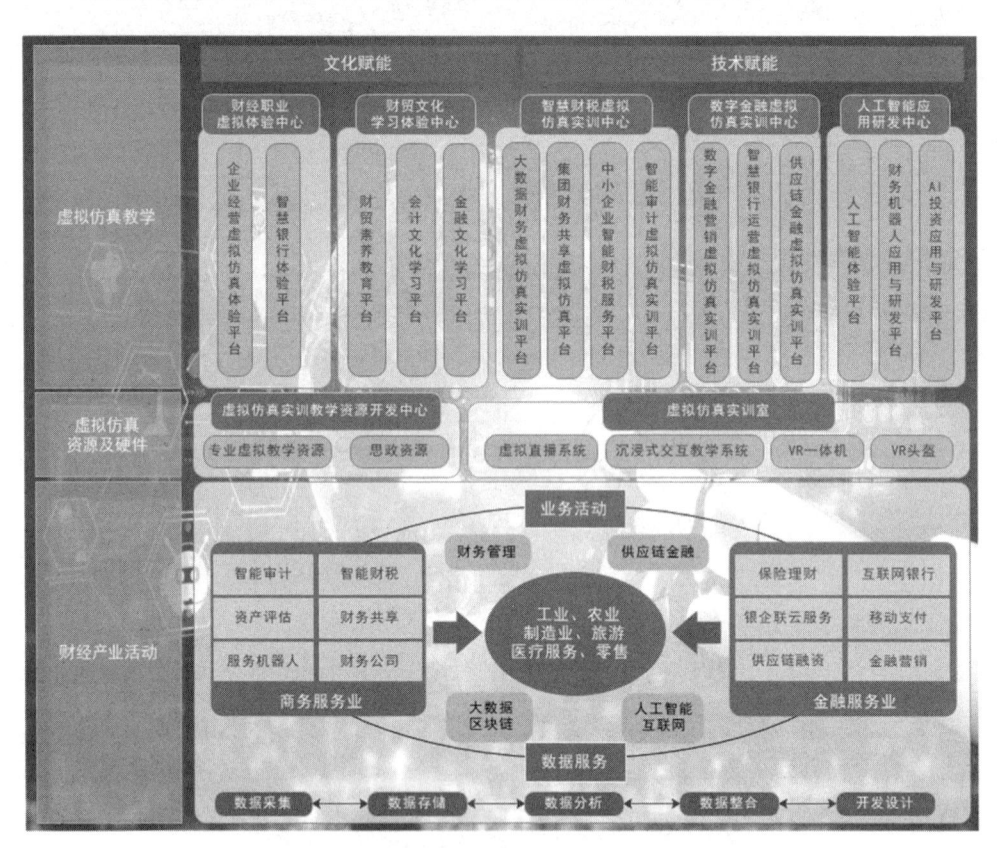

图 3-4　智慧财经虚拟仿真实训基地功能规划示意图

一个云平台：智慧财经虚拟仿真实训管理云平台（服务全校专业）。

六大中心：（1）财经职业虚拟体验中心（服务智慧财经专业群和现代商旅服务专业群）；（2）智慧财税虚拟仿真实训中心（服务智慧财经专业群和现代商旅

服务专业群);(3)数字金融虚拟仿真实训中心(服务智慧财经专业群);(4)人工智能应用研发中心(服务全校专业);(5)财贸文化学习体验中心(服务全校专业);(6)虚拟仿真实训教学资源开发中心(服务全校专业)。

智慧财经虚拟仿真实训基地技术架构示意图如图3-5所示。

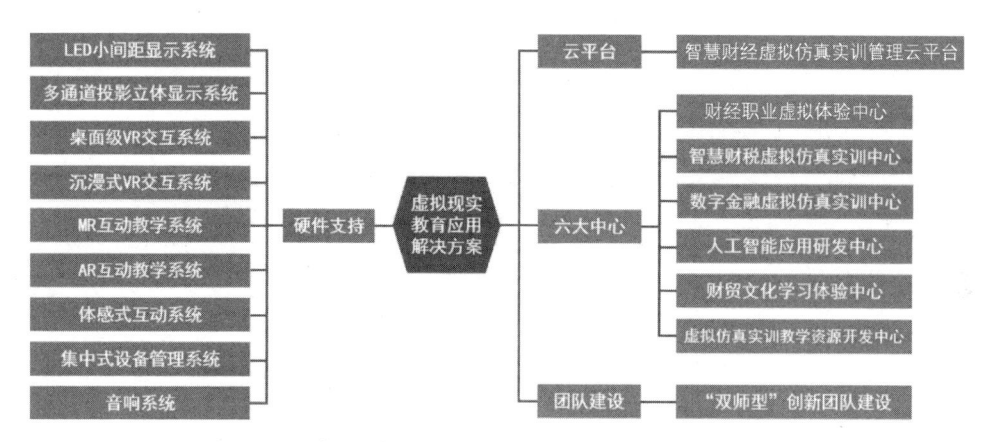

图3-5 智慧财经虚拟仿真实训基地技术架构示意图

第四章

人人成才的培养模式

第四章 人人成才的培养模式

党的十九届五中全会审议通过的《中共中央关于制定国民经济和社会发展第十四个五年规划和二〇三五年远景目标的建议》，对"十四五"时期"建设高质量教育体系"做出了整体谋划，明确要求"加大人力资本投入，增强职业技术教育适应性，深化职普融通、产教融合、校企合作，探索中国特色学徒制，大力培养技术技能人才"，同时围绕"激发人才创新活力"，强调"加强创新型、应用型、技能型人才培养，实施知识更新工程、技能提升行动，壮大高水平工程师和高技能人才队伍"。

增强职业教育的适应性，涉及的因素有诸多方面，其中人才培养模式是最为关键的因素之一。当前职业教育的人才培养模式仍处于探索阶段，学制相对不够完备，主要表现为层次结构不够健全，学生成长通道不够通畅，导致在外部适应性上技术技能人才的供需不匹配，特别是高端技术技能人才方面的供给缺失较为严重，而在内部适应性上不能满足学生成长成才的需要，自身吸引力普遍不强。

职业院校须以"应用"为主旨和特征构建课程与教学内容体系；以实践教学为主要目的培养学生的技术应用能力，并应在教学计划中占有较大的比重；同时，应注意发挥自身特色，探索一条符合专业发展规律的人才培养之路。

多年来，北京财贸职业学院通过探索个性化人才的扬长教育、贯通型人才的纵向打通、高层次人才的研学结合、现代学徒制人才的双重培养等路径，发展了一套符合商科人才培养规律、致力于人人成才的培养模式。

4.1 个性化人才的扬长教育

一、探索扬长教育理念

扬长教育是20世纪90年代前后在实践中提出并逐步实施的。它是以个体的长处为核心，通过"以长促长，以长促全"的教育方法来培养某方面具有突出优势、人格较为健全的民众的教育观念、教育方法、教育模式、教育体制等的总称，也是针对应试教育、精英教育而提出的。扬长教育主张将人的长处发挥到极致，并以此为基底激发其他相关潜力，最终逐步形成健全的人。这与职业教育培养高素质的应用型专门人才的任务不谋而合。

作为个体的人，其优势在成长过程中无法被自身轻而易举地看到。人们通常了解自身的缺点并将改正缺点作为自我超越的标准，却不清楚自身的长处。若能挖掘人的长处并将其发挥出来，往往可以在生活和工作中做到事半功倍，并促进自身不断进取。人的成长过程需要内驱力，其主要表现是能够进行自我管理、自主学习并勇于探究，基于此，人才能不断形成自我认知并完善自我行为。美国心理学家奥苏贝尔在他主张的成就理论中将这种持续的学习动机分为认知内驱力、自我提高内驱力和附属内驱力三个方面的内容。认知内驱力是以获得知识、解决问题为目的的内驱力，是个体基于好奇心和探索环境的倾向，经过学习和经验获得的；自我提高内驱力是个体通过胜任能力和工作成就的提高来赢得相应地位与自尊心的内驱力；附属内驱力是以获得长者或集体的赞许为目的的内驱力。

北京财贸职业学院始终牢记培养高等技术应用型专门人才的根本任务，并致力于人人成才的培养目标，不断探索适合职业教育及本校特色的人才培养体系。经过坚持不懈的理论研究与积极实践，确立了"自信、自立、自强"的扬长教育质量观，并逐步形成了基于扬长教育理念的协同育人机制，着力激发学生的成长内驱力，解决学生缺乏自信，学习动力不强，就业能力不高，发展潜力不足等问题，促进学生职业生涯的可持续发展。

二、树立扬长教育质量观

北京财贸职业学院以扬长教育为突破口，以培养学生"自信、自立、自强"的全新质量观为指引，对职业教育形成了其作为一种类型教育的再认识，即认为提高职业教育人才培养的适应性应抓住三个职业教育的基本规律，解决让学生自信、自立、自强的关键问题。

让学生自信，是职业教育的首要任务。职业教育要以人的成长规律为指引，职业院校的生源较多地经历了学业失败的挫折体验，容易出现习得性无助等学习心理。职业院校应该基于学生的认知规律和学习特点，通过细致入微的教育服务，帮助学生获得积极的情感体验，形成自主自发的学习内驱力，实现学业成功。

让学生自立，是职业教育的使命担当。职业教育是以就业为导向的教育类型，其根本目的是让处于弱势的学生群体通过接受职业教育成为自食其力的劳动者，继而成长为技术技能人才，具备提高家庭经济地位的就业创业本领。

让学生自强，是职业教育的价值体现。职业教育是服务终身发展的教育。职业教育不仅要解决学生当下的学习困难和就业问题，更要关注学生的未来。要在托底的基础上，适当拔高，基于学生的优势领域提供创新性、个性化、挑战性的学习任务，利用创新创业教育等拓展性学习活动中的深度学习来引导学生思维能力的提升，以此提高学生适应未来职业岗位升迁、拓展的能力，实现职业生涯的终身发展。

服务学生发展，让学生学习有获得感、发展有成就感是破解职业教育适应性难题的关键，为此人才培养中要贯穿树立学生自信、自立、自强信念的主线，并将此作为职业院校的教学质量观，提高学校教育教学服务的支持性、实战性和挑战性，帮助学生人人出彩、个个成才。

三、实践扬长教育育人机制

长期以来，职业教育的社会吸引力不足，学生和家长、企业和社会的认可度不高，因此提高人才培养的适应性是职业教育提质培优阶段的关键任务。职业院校需要用符合技术技能人才成长规律的质量观来引导人才培养工作，提高人才培养的适应性。北京财贸职业学院历经多年的改革探索，坚持以扬长教育理念为引领，树立学生"自信、自立、自强"的全新质量观，建立以"学业、就业、创业"三业为核、"学业支持、三个课堂、专创融合"三维支撑的培养体系。如今,通过一系列实践创新与改革摸索,已逐渐形成理论体系。

(一)构建"全学程"学业支持与指导体系

职业院校生源复杂、人才培养模式日趋多元化,学生的认知能力和学习基础参差不齐,生源来源于普通高中、职业高中(中职)和社会扩招,学生的总体文化基础差,成绩离散度高,未养成良好的学习习惯。教师抱怨不好教、不好管,学生抱怨学起来没意思,找不到学习的快乐。学生对学习缺乏自信,没有目标和方向,如果不加以关注和引导,则会进一步加剧其学习困难。为此,学校着力从以下两个方面解决学生的学习态度和动力问题。

1. 建立 FVC 学业支持与指导的工作体系

一是开展全学程三阶段学业指导服务,建立以兼职班主任为主体的学业导师队伍,大一实施"Freshman"计划(新生适应计划),重在适应大学学习生活,大二实施"Vocation"计划(专业学习计划),重在指导专业学习,大三实施"Career"计划(职业生涯计划),重在开展就业指导。学业支持与指导体系既能帮助学生托底,又能引导学生发现长处,提高学习的目的性。

二是针对学习困难的学生,实施学业帮扶,建立学业预警和学习辅导机制,为学生建立帮扶档案,采取随班跟读、一对一(或一对多)集中辅导、在线学习+面授辅导等多种途径,避免学生的学业不合格在毕业阶段集中暴露,用逐年提高的学年合格率来提高毕业率。

三是针对学有余力的学生,实施翱翔计划,开设数学建模、会计工厂、财税特训营、金牌店长、双创精英班等高阶学习项目,还为专升本学生提供本科前置课程、校内实习岗位,帮助学生顺利升学或高质量就业。

2. 建立财贸特色的"职业教育人才成长立交桥"

一是增强课程体系的适应性,服务差异化需求。借鉴"宽基础、活模块"

（KH）集群式课程模式，从整体上构建了"两平台、一核心、双进阶"的三类型课程结构，为支撑培养目标达成和个性化发展提供学习通道。在公共基础和专业两类平台课中普遍开展"基础模块+专业（拓展）模块"的课程设计，以适应不同专业学生的学习需求，适应不同能力起点学生的认知水平。

二是提高专业选择度，实施更宽松的专业选修制度。改革学籍管理制度，只要备选专业有招生余量，学生就可以顺利转入自己感兴趣的专业。

三是提高课程选择度，突破选修课比例。增设通识选修、专业进阶、扬长进阶三类选修课 400 余门，使选修课比例从原来的不到 5% 提升到 15%，极大地扩展学生在专业发展和兴趣优长领域的选择面，激发学生想学、愿学、能学的欲望。

四是建立"课程替代通道"，明确学分置换、课程认证的标准。建设包含慕课、跨院系课程、创业活动、体艺特长、职业技能、语言特长、劳动技能、发明创造、学生竞赛等在内的可供置换的课程或学习活动，建立健全学分置换、课程认证的标准，为学生提供设计个性化毕业路径的平台。

通过领托并举的学业支持，学生学习有兴趣、困难有帮助、深造有支持，提升了学生的学业成就感和学习自信心，解决了学生学习动力不强、自信心不足的问题。

（二）创立"三个课堂"，提高技能学习质量

1. 基于"智慧课堂"，培养自主学习能力

学校基于互联网建设"智慧课堂"，自主开发"财贸在线"智慧教学平台，搭建智慧学习基础条件，支持大数据分析、教学监测、资源上传与共享、"智慧课堂"教学活动、学习交互等功能，并提供课情、教情、学情报告。在智慧学习环境下，学生不仅可以随时查看学习过程、进行学习评价，打破时空界限，在线上随时随地反复学习，还可以在课堂学习中"连麦"企业大咖、企业专家做成果点评或在线指导，从而增强其主动学习的意识和自主学习的能力。

2. 创新"企业课堂",锤炼岗位技能

学校先后与首旅集团、京东、沃尔玛、环球影城、菜市口百货、用友集团、中联集团、凤凰传媒等行业领军企业建立战略合作关系,及时将企业新技术、新业务模式、新规范搬到课堂,鼓励各专业以专业核心课程为主,开设校企联合教学的"企业课堂"。智慧零售金牌店长特训营、沃尔玛企业课堂、燕通企业课堂、中装金英企业课堂、华财智慧型会计工厂、艺树工作室等工学结合与工学交替的"企业课堂"教学项目成为践行校企双元育人模式、教师对接企业、学生锤炼技能的重要平台。"企业课堂"可使学生在企业真实的工作场景中,通过"做中学""学中做",锻炼真实的业务操作能力,感受企业文化和发展理念,提升专业技能和职业素养,实现教学过程与企业生产过程相对接。新冠疫情期间根据课程实际,还开设线上"企业课堂",如新零售电商直播、财务报表审计、调酒等课程,实现了在线实训教学的创新。

3. 打造"双赋能课堂",提高岗位胜任力

学校积极应对产业升级、技术迭代的挑战,聚焦现代服务业高端技术技能人才的需求特点,着力打造"技术赋能、文化赋能"系列课程,通过人才培养方案在"学校—专业群—专业"三个层面落实,提升学生的就业综合实力。专业层面,修订课程标准,全面融入课程思政、专业文化和前沿技术;学校和专业群层面,纳入通识课程、职业平台课程的课程序列,课程、教材、在线教学资源一体化配套建设并实施教学。

(三)实施"专创融合",提高可持续发展能力

实施大学生创新创业教育,目的并不在于让所有学生都去创办企业,而是培养学生善于思考、主动进取、应对挑战、勇于探索的企业家精神。通过提供基于学生优势领域的个性化、挑战性学习任务,在帮助学生获得创新意识、创新思维和创新能力的同时,让学生学会主动思考、应对挑战、不断进取,使学生具备职业生涯可持续发展的关键素养和能力。

1. 以"专创融合"课程建设培育创新思维

学校在双创教育获得国家级教学成果奖二等奖的基础上，持续深化改革，构建了"专业课程、创业课程、创新创业大赛、项目孵化、项目实战"五维实践体系，以机制创新、平台构建、课程建设、质量评价为抓手，深化"专创融合"课程的开发。从2016级学生开始，人才培养方案中每个专业开设不少于2门"专创融合"课程，课程改革的重点是在课程载体、教学设计、教学方法中充分融入双创教育的理念和方法，将创新意识培养和创新思维养成融入教育教学的全过程，促进专业教育与创新创业教育的有机融合。

2. 以教学模式创新提高学习活动的挑战度

以激发学生的探索精神，培养学生自主学习、主动思考为重点，学校借鉴双创教育的教学模式，从2012年开始系统实施研学结合教学改革，将专业理论学习与研究性任务相结合，依托活动、项目等载体，使用案例分析、探寻调查、问题情境、头脑风暴、角色扮演、沙盘演练等探究性学习方法，创设激发学生主动思考的情境，使学生手脑并用，完成学习任务。2019年又制定了配套新版人才培养方案，要求每个学生要选修10学分扬长进阶发展课程，让学生在自己感兴趣的领域纵深学习、拓展训练，进一步增强学生学习的主动性和获得感。

3. 以育人平台和创新创业训练锤炼双创品格与实践能力

学校将思政课程及"感恩、爱心、诚信、责任、创新"五板块财贸素养课程与双创教育有机融合，通过每个主题的理性认识、自我行动、总结展示，开展双创宣传周、创业沙龙、创业英雄汇等主题讲座，参观校友企业、创意园区、创业基地、创业展览，以及参加行业论坛等活动，将世界观、人生观、价值观融入教学，使学生的理想信念和职业道德在活动中养成，使双创品格内化于心、外化于行。

学校打通课程、实践、大赛、孵化各个环节，实现课赛创融合体系，强化技术赋能，设立创新创业课程开发平台、创新创业项目管理平台、创新创业大数据管理平台、创新创业赛事管理平台四大平台。2019—2021年，学生在国内主要双创赛事省级以上获奖217项，产生双创项目超过700个，赛事辐射师生超过2000人。

自实施扬长教育以来，北京财贸职业学院不断更新相关教育理念与认知，并根据实际进行探索实践，实施教育教学服务供给侧结构性改革，形成一系列职教理论研究与实践改革的成果，重点开展学业支持与指导，系统实施"专创融合"培养方案，深化以"三个课堂"为载体的校企双元育人模式，切实实现了职业教育人才的培养治理，增强了职业教育的吸引力。

扬长教育改革十余年来，全校教职员工在管理、服务、教学中全面融入扬长教育的育人理念，学校形成了以学生为中心、以学生学习获得感为标准的育人文化，学生的就业质量高、职业生涯可持续发展能力强，毕业生就业率连续十余年保持在99%以上。学校着力于职教供给侧结构性改革，提供优质办学资源，服务人人成才的人才培养特色和扬长教育改革实践已在全国产生了一定的影响。

4.2　贯通型人才的纵向打通

一、高端技术技能人才培养的改革试验

长期以来，我国普通教育与职业教育各成体系。普通教育以升学教育和学术能力培养为主，忽视职业素养和从业技能的培养；职业教育以就业为导向，注重职业能力训练，但缺乏基础文化知识的传授和科学素养的培养。进入中职和高职院校的学生，只有极小比例可以升入普通本科高校接受学术型高等教育。随着我国技术的进步，以及经济结构与产业结构的调整、升级，各类技术性岗位对从业人员能力和素质的要求不断提高，从业人员岗位调整和变换的频率进一步加快，在这两种教育体系下培养出来的人才，或存在社会适应不良问题，或存在可持续发展能力不足问题。加快职业教育体系的改革与建设，满足人民群众接受开放、

多样、可灵活转换类型和晋升层次的教育的需求，进而适应我国经济社会发展的需要，是党和政府促进教育公平，建设人力资源强国的必然选择。建立职普融通、纵向贯通的职业人才培养通道，就是这一选择下的重要路径。

为深入推进教育领域综合改革，适应国家和首都经济社会发展、产业转型升级的需要，探索培养高端技术技能人才的新路径，根据《国务院关于加快发展现代职业教育的决定》中的要求，2015年上半年，北京市教委正式启动了高端技术技能人才贯通培养试验项目。这项改革试验将高中教育、职业教育与大学教育贯通起来，初中毕业生在试验院校接受2年优质高中教育后，直接进入职业院校相关专业学习3年，然后经"转段考试"，对接国内外本科院校接受大学教育。

该项改革试验在职业教育发展史上具有特殊意义，它既是实施素质教育，探索高端职业人才培养规律，创新高端职业人才培养模式的一项改革试验，也是构建现代职业教育体系的一项改革试验。

北京财贸职业学院受北京市教委委托，与北京潞河中学、首都经济贸易大学协同开展高端技术技能人才贯通培养试验项目。北京财贸职业学院在参与改革试验的过程中，尤其是在人才培养模式设计的实践中，对贯通型人才培养形成了一些初步的认识。接下来将详细介绍北京财贸职业学院贯通型人才培养的主要经验。

二、贯通型人才培养的指导思想及培养目标

根据相关政策及北京财贸职业学院立足区域、坚持特色的相关办学理念，北京财贸职业学院树立了关于贯通型人才培养的指导思想，主要为：坚持立德树人、全面发展，深化职业教育教学改革，探索实施素质教育的新途径；打破体制机制障碍，整合融通各级各类优质教育资源，探索优质高效育人的教育发展新模式；促进教育公平，完善职业教育体系，构建人才培养"立交桥"，为学生成长成才提供更多、更好的发展机会；对接首都经济社会发展和产业转型升级需要，

改革专业设置，调整教学计划，全面加强校企合作，培养高端技术技能人才；提升职业院校的办学水平和教育质量，增强职业教育对首都经济社会发展的贡献力和影响力。

基于以上指导思想，北京财贸职业学院确立了贯通型人才培养的总目标及阶段性目标，分别如下。

（1）总目标。 面向首都财经、商贸、旅游行业，针对企业紧缺的技术、服务、管理类岗位，培养具有社会主义核心价值观和国际视野，有较高文化素质和综合职业素养，身心健康和谐发展，职业能力突出，能够创造性地解决服务和管理工作过程中遇到的复杂问题，具有较强的岗位适应能力和可持续发展能力的高端技术技能人才。

（2）阶段性目标。 人才培养分为基础教育（2年）、职业教育（3年）和本科教育（2年）三个阶段。

第一个阶段（第1~2年），科学与人文相结合、传统与现代相结合，开展通识教育和大学先修课程，夯实学生公民素养、文化素养、身心素养、职业素养和国际素养，促进学生的个性与兴趣发展，使其形成积极的学习态度，树立正确的世界观、人生观、价值观，为学生适应社会、职业发展和高等教育做准备，为学生的终身发展奠定基础。

第二个阶段（第3~5年），培养职业兴趣，形成在某一职业岗位群内进行岗位迁移和职位提升的知识、能力、素质基础，强化职业基本技能和关键能力训练，重点培养完成岗位典型工作任务所需的职业核心能力，帮助学生养成良好的职业习惯与规范，提高学生的职业素养，培养精英型职业人才。

第三个阶段（第6~7年），促进职业生涯的纵深发展，注重理论提升与拓展，重点培养技术应用能力、岗位创新能力、问题解决能力，满足学生个性化的学习需求，为就业、出国、学习深造做准备，培养国际化、高水平、创新型、复合型人才。

三、贯通型人才培养的基本原则及基本方式

北京财贸职业学院按照 7 年贯通培养的基本思路确定了人才培养的基本原则，设计了人才培养的基本方式，并不断对其进行整体优化，系统性地设计了课程体系，力求突出职业教育的特性，符合贯通型人才培养的规律。其基本原则如下。

（1）**突出职业性**。以就业为导向，以工学结合、校企合作为途径，紧扣人才培养目标要求，与首都经济贸易大学、北京市大型国际化企业合作开发专业课程，从职业工作分析出发，以职业岗位中的工作过程性知识为主线实施教学，营造职业化的教学环境和职业文化氛围，强化职业技能、职业素养、职业精神的养成。

（2）**体现现代化**。借鉴国内外职业教育先进教育教学理念，采用现代化的教育技术手段，配备现代化的教学环境，在教学组织、教学方法和手段、教学评价、教学资源开发与利用等方面不断创新，充分激发学生的学习兴趣，切实增强学生的自主学习能力。

（3）**融合国际化**。服务北京市建设国际金融中心城市、国际商贸中心城市的功能定位，开放式办学，借鉴国外先进的课程理念、教学模式和教学方法，引进外籍师资队伍，培养具有国际视野、通晓国际规则和职业规范的国际化人才。

（4）**注重应用创新**。精细化专业核心课程的设计与实施，营造学习氛围，创设学习情境，搭建创新平台，培养学生既懂得专业的基础理论、基本知识，又具有服务创新意识和能力，具备在实际工作情境中灵活迁移知识、解决复杂问题，进行服务系统或工作流程改造，应对客户个性化服务需求的能力。

（5）**服务可持续发展**。夯实学生文化素养基础、身心素养基础、职业素养基础，继承和弘扬中华传统文化的精华，拓展学生多元化的国际文化视野，培养学生的创新精神和实践能力，促进学生全面而有个性的发展，为学生适应社会生

活，拓展职业生涯和学业深造提供必要的文化基础知识和专业拓展知识。

北京财贸职业学院贯通型人才培养的基本方式如下。

（1）整体框架采用 7 年贯通培养方式，共分为三个阶段。

第一个阶段是基础教育阶段：2 年，引入北京潞河中学的优质教育资源，使学生接受优质高中教育。

第二个阶段是职业教育阶段：3 年，利用北京财贸职业学院的优质教育资源，使学生接受优质职业教育。

第三个阶段是本科教育阶段：2 年，由首都经济贸易大学及英国北安普顿大学、美国纽约州立大学坎顿技术学院、新西兰国立怀阿里奇理工学院进行本科培养，使学生接受国内外一流大学或优秀应用型大学教育。

（2）具体安排采用外培班和国培班两种分班培养方式，经提前招生录取的学生进入外培班，经统一招生录取的学生进入国培班。经过前 5 年学习，外培班学生的英语水平和学业水平达到国外合作本科院校的要求，升入国外合作本科院校继续本科阶段的学习，也可以通过专升本的"转段考试"升入首都经济贸易大学学习；国培班学生通过专升本的"转段考试"升入首都经济贸易大学学习。

引入淘汰与激励机制，在学生完成基础教育后进行选拔考试。

四、贯通型人才培养的教学管理及学籍管理

（1）教学管理模式。在基础教育阶段，借鉴优质高中的管理模式，由北京财贸职业学院基础教育学院按照外培班和国培班分别开展教学与学生管理。在职业教育阶段，由北京财贸职业学院相关系（院）按专业开展教学与学生管理。在本科教育阶段，由学生升学的国内外本科院校开展教学与学生管理。

（2）学籍管理方式。第 1~3 年执行中等专业学校学籍管理办法，第 4~5 年执行高等职业学校学籍管理办法。完成 5 年学习任务，全部课程成绩合格，由北

京财贸职业学院颁发高等职业教育毕业证书。国培班学生升入首都经济贸易大学,外培班学生既可以升入国外合作本科院校,也可以升入首都经济贸易大学。本科阶段成绩合格,取得普通高等教育本科层次(专升本)毕业证书或国外合作院校的本科学历证书。

五、贯通型人才培养的北京财贸职业学院特色

在多年贯通型人才培养的实践中,北京财贸职业学院探索出了既符合专业特点,又能发挥自身特色的培养体系。主要包括以下几项。

(1)全程贯穿的校企合作"双主体"育人机制。每个专业确定1~2家北京市大型知名企业开展合作育人,按照企业的就业岗位和能力要求确定人才培养目标,设置课程体系,开发课程标准,打磨教学方案,实施教学评价,根据企业需要灵活组织实施工学交替的教学活动,让合作企业真正参与人才培养的全过程。

(2)工学结合"递进式"职业能力训练。按照"认知、体验、顶岗"三个阶段设计职业能力训练体系,其中第3、4年以对行业、企业、岗位的认知为主,结合综合素质课程,夯实职业发展基础,第5、6年以企业与岗位体验为主,配合职业课程,在工学交替中完成对职业知识和职业能力的掌握,第7年继承在职业教育阶段形成的顶岗实习优良传统,安排学生进入企业参加"全岗位轮岗"培训计划,通过政府购买的方式,聘请合作企业的高技能人才,用师傅带徒弟的方式,以企业真实工作任务和项目为载体,在企业真实岗位进行全岗轮训的过程中完成顶岗实习项目与课程。

(3)研学结合"三导师制"培养。实施学业导师、职业导师和科研导师的"三导师制"培养。在基础教育阶段为学生配备学业导师,指导学生进行学业设计,从心灵品格、学业、社交情绪、课程选修四个方面制定适合的进步目标,设计课程学习计划。在专业教育阶段(后5年)为学生配备职业导师,帮助学生进

行职业生涯规划设计,有计划地训练职业能力,选修职业课程。在掌握必要的职业知识和职业技能的基础上,由北京财贸职业学院或首都经济贸易大学的专业教师担任科研导师,开设项目制的研究模块课程,组建专业研究小组,由导师带领学生参与教师科研课题的研究,以研学结合的教学模式培养目前企业对高端技术技能人才需求中最重要的能力要求——创新应用知识和解决问题的能力。

(4)国际化培养路径。通过引入国际职业资格标准或购买国外先进课程,合理搭建"课证"融通、国际认可的职业课程体系,引进外籍师资,在校期间选拔优秀学生出国访学修习,参加寒暑假国外游学或社会实践项目,培养学生的国际视野、国际交流能力,实现国际化培养。

(5)线上线下混合式教学模式。适应新一代学习者对网络化学习与移动学习的需求,利用信息化实现辅教辅学或在线学习。通过自建或购买资源的方式,建设大量网络学习资源,建设网络学习和教学管理平台,积极采用线上线下(O2O)相结合的教学模式,实现学生学习方式上的革新。

4.3　高层次人才的研学结合

一、研学结合的内涵界定及意义

研学结合,顾名思义,就是在教学过程中将学生的"研究过程"与"学习过程"紧密融合。实际上,研究活动应该是多层面的,科学家按照严格的研究程序,采用严密的科学方法开展科研活动,企业为了提出新的营销策略进行市场调研活动,某个员工为了解决工作中遇到的难题,钻研出一种新的办事流程或工作方法,这些活动都可以被认为是"研究"。它们或者是为了论证某种观点,发现某种规律或真相,或者是面临复杂的工作情境,需要随机应变地处理和解决问题,创新性地开展工作。虽然目的不同,但都或多或少涉及调查、了解、分析、探究、问题解决、发现创新等过程性的研究要素。

"研究"的核心特征是通过主体的参与和亲身实践，去探究并解决问题。要想在教学过程中融入"研究"的要素，就势必要包含学生的主动参与、亲身实践、探究知识、发现问题和解决问题的过程。这就与传统的"接受式学习"形成了鲜明的对比。在"接受式学习"模式下，教师将现成的知识、结论通过传递式教学直接教给学生，学生只是被动地听讲和识记；而研学结合教学，是要让学生通过亲身参与实践活动（如观察、调查、访谈、实验、设计、制作、评估等）来获取知识，并灵活运用知识发现问题、解决问题，得出结论或形成产品，使学生亲历知识产生与形成的过程，使"知识"发现、"技能"习得与"态度"养成有机结合与高度统一。

实施研学结合的教学改革，能够最大限度地调动学生在课堂及课后的学习主动性、自主性。通过让学生灵活运用知识，自主发现和解决问题，提出一种新的解决方案或设计、制作出具有一定创新性的产品，并对问题解决的结论或产品进行评估等，来提高学生的自主学习能力、批判思维能力，培育学生的创新精神和进行创造性实践的综合能力。

二、研学结合教学改革实施的背景及必要性

（一）研学结合教学改革实施的背景

职业教育因其具有的"职业"属性，在教学上与普通教育有所区别，这一点目前已达成共识。职业教育中的工科类专业，面向技术性岗位，这些岗位主要与机器、工具等实物打交道，并以操作、控制等具体可见的动作形式呈现，提供的是有形的产品，因此工科类专业适合按照工作过程系统化的思想进行课程开发和教学实施；而财经类专业，面向服务性岗位，这些岗位主要与人打交道，更多以遵守服务规范、进行业务处理、开展经营活动等形式呈现，提供的是劳务，因此财经类专业的工作在标准化、流程化、程序化方面的特点并不突出。

北京财贸职业学院就是一所以财经类专业为主体的高等职业院校，在深入推

进工学结合的人才培养模式改革过程中，单纯按照工作过程系统化的思想实施财经类专业的人才培养，无论是课程开发还是教学实施都会遇到一定的困难，主要原因就是财经类专业的特性是以服务性为主，而服务对象是"人"，这就造成了这些岗位的任务具有复杂性、丰富性、差异性、多变性的特点。尽管有的专业技术和岗位技能可以通过工作过程系统化的教学设计加以培养，但服务性工作常常面临复杂化的、人为的、多变的任务情境，与之相对应的教学过程也必然在丰富性、灵活性、开放性等方面有所突破。因此，在职业教育"工学结合、校企合作"人才培养模式的总体指导思想下，如何发展适合财经类专业职业教育的课程与教学模式，是北京财贸职业学院一直以来试图破解的难题。

（二）研学结合教学改革实施的必要性

财经类高职实施研学结合教学改革是有其深刻的现实基础和客观原因的。下面将以北京财贸职业学院财经类专业为例分析研学结合教学改革实施的必要性。

1. 创新是现代服务业生存与发展的"灵魂"

财经类专业主要面向零售、物流、金融、旅游等现代服务业培养高端技术技能人才。美国市场营销学会（AMA）把服务定义为"用于出售或同产品连在一起进行出售的活动、利益或满足感"。随着企业技术创新速度的加快，产品质量和价格已经很难让企业产生持续的竞争力，许多企业将竞争的重点转移到服务上，依靠服务创新来提升企业的核心竞争力。

服务创新既包括产业层面的创新，也包括岗位工作层面的创新。这里讲的服务创新就是针对服务性岗位所从事服务活动的创新。受服务环境的复杂性（如百货商场，每个季度甚至每个月都在推出新的促销方案，改变商品的陈列与布局）、服务对象的复杂性（如顾客的年龄、性格、需求是多样化的，心态和情绪也总在变化）、服务主体的复杂性（如专业知识、社会经验、阅历、个性），以及信息技术的革新带来的服务流程、标准、规范的迅速变化的影响，服务性岗位的工作内容和工作要求总是处于不断变化的状态，可以说变化就是服务业的常态。

相对于传统制造业而言，服务业的岗位创新往往具有无形性的特点。制造创新的结果是有明确载体的，如新的产品或新的生产工艺。但服务创新，可能就是提出了某种构思精巧的服务概念或创新性的工作方法，能够直接提高服务效率和质量，使自己的服务与竞争者呈现出差异和特色，让服务对象满意。在这种"软"创新中，"人"是关键的因素。因为服务创新的产生和完成是以承担岗位工作的具体员工为载体的，所以服务创新往往来源于员工的某个概念、某个想法，以及员工之间知识的交流和互换。无论是设计、精选服务产品，还是改进服务系统，进行营销策划、渠道选择等，都需要员工具备实践创新能力。员工独立处理问题的能力高低决定了服务过程能否顺利进行。

不断进行服务创新的服务业需要具备创新意识和实践创新能力的员工，财经高职应当自觉承担起培养创新型员工的责任，这就使研学结合教学改革成为可能。因为研学结合注重对学生创新精神的培育和实践创新能力的培养，引导他们带着问题去学习知识、锻炼技能，既能应用知识进行基本业务的操作，又能根据实际情况灵活迁移知识，提高对变化着的工作情境的适应能力，甚至是具备改变工作情境的能力。

2. 财经类专业的工作具有典型的"研究性"特征

与制造业相关专业相比，财经类专业对工作人员处理复杂、变化的业务能力要求更高。以财经类专业中的一个典型专业——市场营销专业的典型工作任务分析为例。

某院校在对该专业面向的主要岗位——销售岗位的工作任务进行分析时，将销售的主要流程划分为寻找商机、识别目标、初步诊断与需求确认、发展支持者、方案呈现与评审、进程控制。将这六个销售流程进行工作任务的细分，又可以分为 112 个任务动作/方法。通过对这些任务动作/方法的类别进行分析，可以得到表 4-1。

表 4-1 销售岗位任务动作/方法分析表

类别	任务动作/方法	数量/个	占比	研究层次
应用知识、简单操作	识别、准备、联系、使用、分享、讲述、要求、发送、回顾、组建、协调、收集、制作、草拟、提议、填写、避免、提交、预约、签订、书写、归档、引荐、拜访及联络等	48	43%	应用知识
发现问题	询问、探索、拓展、提问、诊断、检查、分析 1、商讨等	20	18%	初级研究水平
总结、评估问题	总结、判断、确认、对照、梳理、选择 1、拟定、绘制、建立（定义）、汇报、沟通等	29	26%	中级研究水平
解决问题	建议、选择 2、发展、确定、制订、创建、处理、持续经营、控制等	8	7%	中级研究水平
评估、论证方案	评估、评审、测算、分析 2 等	7	6%	中级研究水平
合计	—	112	100%	

如果对"研究"进行一定的层次或类别上的划分，则一般可以分为以下三个层次。

试探性研究：发掘问题、弄清问题。

建设性研究：为问题提供解决方案（这个阶段一般具有创新性）。

经验性研究：为解决方案的可能性提供实质证据。

由表 4-1 可知，市场营销专业销售岗位的任务动作/方法按其复杂程度进行层次划分，可以大致分为"应用知识、简单操作""发现问题""总结、评估问题""解决问题""评估、论证方案"五类。其中，后四类任务动作/方法符合"研究性"特征，可以与"研究性"工作的三个层次相对应。在市场营销专业销售岗位的任务动作/方法中，43%属于应用知识进行简单操作的水平，18%具有初步的"研究性"工作的性质——指向发现问题，39%具有中等程度的"研究性"工作的性质——包括总结、评估问题，解决问题，评估、论证方案。也就是说，超过 50%的工作需要从业人员具备初步的"研究性"工作的能力。

由此可见，财经类专业的工作具有典型的"研究性"特征，课程开发者在将这些工作任务转化为教学任务,继而进行完整的课程开发时,必然要考虑"研究性"工作的特征:在教学内容上,将与工作相关的简单直接的操作性任务与研究性任务相结合;在教学策略与方法上,更多地使用案例分析、探询调查、问题情境、项目教学、头脑风暴、角色扮演、沙盘演练等具有典型的"研究性"学习特征的教学方法,创设能激发学生积极与主动地思考问题、发现问题、解决问题的情境,重视学生的直接体验;在教学评价上,借鉴真实性评价的方法,重点考查学生对知识的应用能力,以及发现问题、解决问题、评估总结的能力,并注重培养学生的坚持性、好奇心、灵活性、质疑性等支持"研究性"工作的心理品质。

3. 研学结合是"因材施教",实现差异化、个性化教学的有效途径

职业院校的学生具有个性鲜明、思维灵活的特点。在学校面向全国招生后,学生的个体化差异体现得越来越明显,从生源类型上看,外地生源和北京生源、城市生源和农村生源、男生和女生、经济富裕家庭学生和贫困家庭学生,在学习能力、学习兴趣、学习方式、思维特点、自我管理能力等方面都存在很大的差异,这就对传统的集体教学提出了挑战。尽管很多教师也在课堂中尝试分层教学、分层考核等个性化的教学方式,但仍然很难做到兼顾每个学生的学习需要。

研究如何帮助学生更好地学习,就离不开对"知识观"的重新认识。传统知识观认为,知识是客观存在的、理性的、专门化且成体系的,而教师是知识的传递者,是知识的"权威"和"精英",学生只是被动地接受那些静态的、客观存在的、分科的、普适性的"真理"。但是在知识经济时代,人类的知识总量呈几何级增长,知识的大众化、主体性使人们逐渐抛弃对知识的绝对客观性的认知,并开始关注知识学习过程中的个人化理解和学习者的直接经验。很多教师可能只是某一个学科或专业领域的"权威",从知识面的广度、知识的更新程度来看,也许有的教师还不如学生。在这样的背景下,如果还按照传统的"接受式"的教学方式来要求学生被动地、认真地听讲,那恐怕是无法形成有意义的学习的。

通过研学结合的教学方式,提出不同的问题情境,让学生自主选题,确定任务,结合自己的兴趣、能力水平和个别需要,自主控制学习进程。通过明确问题任务,寻找信息资源,设计问题解决方案,执行方案,检查评估结果等过程,让学生真正地投入学习探究活动中,从而获得一种个人化的知识。

4. 研学结合是整合多种感知通道的综合性教学方式

心理学研究认为,人的感知主要有三类:视觉型、听觉型和动觉型。不同感知通道的记忆效果是存在差异的,如视觉通道的记忆效果一般优于听觉通道,多种感知通道综合的记忆效果往往优于单一通道。不同的个体在感知通道的敏感度上也存在差异,如处于感觉运动和具体形象思维阶段的幼儿,对视觉和动觉更加敏感。从思维类型上看,形象思维、抽象思维是人类的两大主要思维方式。形象思维借助直观具体的形象或动作来认识和解决问题,抽象思维依靠概念、判断、推理等思维过程来认识和解决问题。职业知识包括更多基于工作过程的经验性知识或策略性知识,与学科体系的概念性知识不同,这类知识的学习要通过多种感知通道,而且更多地依赖于人的形象思维能力。

在对职业院校学生的调研中发现,他们更喜欢动手操作、实践性强、案例丰富、角色扮演、游戏、小组讨论的教学方式,对教学内容的呈现方式也更偏爱色彩丰富、动态形象的图片和视频等,而对于传统讲、听、识记的教学方式表现出明显的不适应。这说明,职业院校的学生在视觉和动觉通道上更具优势,学习形象思维化,对多种感知通道的教学方式更加敏感。

但职业院校学生的元认知策略发展不足,对学习过程和学习结果的监控与调节能力不强,使其学习在很大程度上属于浅层的识记学习,对知识的重新组合、迁移和创新能力不强,影响了学习的质量与效果。而且在岗位工作的综合化特征越来越明显的今天,对从业人员技术应用能力与实践创新能力的要求也更高,职业院校的学生在传统学习方式下所达到的学习效果是不能满足从业需要的。因此,必须转变职业院校学生的学习方式。

研究性的学习方式从本质上讲就是为了促进学生的深层学习，它通过多渠道的感觉、认知方式，融合了观察、调查、访谈、实验、设计、制作、评估等学习过程，引导学生投入实践性的活动。在这个过程中，学生的学习与其知识背景、生活经验、个人体验有效地结合起来，通过自觉的、积极主动的、内隐的、个性化的方式习得专业知识和技能，养成良好的学习习惯，并促进综合素质的提高。因此，在职业院校开展研究性教学改革是促进职业院校学生学习质量提高的有益尝试。

三、研学结合教学改革实施的路径

服务业的发展具有持续创新的特性，财经类专业的工作具有典型的"研究性"特征，职业教育需要开拓个性化教学的途径，职业院校的学生需要综合化的学习方式。因此，财经类专业工学结合的人才培养过程不仅需要融入工作的要素，也必须将研究的过程与学习的过程紧密结合，深入推进研学结合的教学改革。下面将以北京财贸职业学院为例，介绍其实施研学结合教学改革的路径。

第一个阶段：2012—2013年，研学结合项目初探。

2012—2013年，北京财贸职业学院有9门课程被确立为研学结合教学改革立项课程。通过对研学结合教学改革的初探，对研学结合的教学理念、教学设计、教学方法及教学评价的选择与使用等建立了初步的认识，在教学实施中也达到了培养学生的自主学习能力、实践创新能力的目的，并显著提高了学生的课堂参与度和学习积极性。

第二个阶段：2014年至今，推进研学结合综合改革。

在总结第一轮研学结合教学改革经验的基础上，继续深入推进这项改革活动，在课程改革、项目研究、创新人才培养三个方面开展研学结合综合改革，具体工作如下。

（1）开展第二轮研学结合课程改革工作。确定第二轮研学结合立项课程，明确研学结合综合改革实施的路径，探索符合研学结合教学理念的创新教学模式，将研学结合课程作为典型案例，发挥对其他课程的辐射、示范作用，逐步将研学结合的教学理念与实施方法渗透到教师、学生和课堂中。

（2）开展研学结合项目研究工作。确定研学结合立项项目，选拔和培养一批在专业技能与科研能力等方面突出的创新人才，通过指导教师申报研学结合项目立项，学生申请加入项目团队的方式，以导师制开展项目研究，学校将给予一定的项目经费支持。指导教师可申报的研学结合项目包含以下几类。

① 来自企业真实需要的调研类、方案设计类、流程设计类、产品或艺术作品设计制作类项目。

② 教师结合自身科研方向确立的有一定专业学术意义和实践创新价值的科研类项目（包括已通过科研部门认定立项的科研项目）。

③ 技艺传承类项目。

④ 其他能够达到培养学生创新精神和实践创新能力目的的项目。

在研学结合项目实施过程中，要求学生充分发挥主观能动性，能够积极主动地开展调查研究、文献调研、分析论证、方案制定、作品设计等工作，加强对研究能力、实操能力的训练。指导教师要发挥主导作用，对学生参与项目研究的过程进行全程指导。指导教师每周应通过不同方式指导学生不少于一次，每月至少见面指导一次。项目研究周期一般不超过一年。

（3）开展创新人才培养改革试点专业项目。

北京财贸职业学院在各专业自愿申报的基础上，确立了 1~2 个创新人才培养改革试点专业，以培养学生的科研意识与探索精神，促进学生对专业知识的灵活应用和专业技能的熟练操作，提高学生的实践创新能力和自主学习能力。主要在以下几个方面开展创新人才培养。

① 科研意识"渗透性"培养：在系（院）部和专业层面营造学术研究氛围，通过典型活动解放学生的思维，激发学生的研究兴趣。例如，组织校内专家开展学术报告，开展校内外学术活动，开设新生研讨课，将研究性学习的理念渗透到常规课堂教学中。

② 科研能力"专门性"训练：在创新人才培养方案中开设科研训练课程、训练项目和训练环节，如科研论文指导课、科研立项训练、课程设计与毕业设计等。

③ "专业化"科研成果认定及推广平台建立：建立学生研究基地和研究成果"孵化器"，有专项成果推广经费、渠道、人员、宣传策略和利益分配政策等，促进研究成果应用、转化和推广。

每个试点专业的实验期限为一年，试点专业应着手建立并实施创新人才培养的工作机制，研究相关培养方案，组织课程建设与学生科研系列活动，并促进相关研究成果的应用。

4.4 现代学徒制人才的双重培养

一、现代学徒制发展的政策要求

前文提到，2014 年 5 月，《国务院关于加快发展现代职业教育的决定》这一重要政策发布，其中指出："开展校企联合招生、联合培养的现代学徒制试点，完善支持政策，推进校企一体化育人。"这标志着现代学徒制已经成为职业教育上升至国家层面的重要战略。

在此基础上，2019 年 5 月，《教育部办公厅关于全面推进现代学徒制工作的通知》对现代学徒制做出了更加具体的要求，提出："以习近平新时代中国特色社会主义思想为指导，全面贯彻党的教育方针，落实立德树人根本任务，深化产教融合、校企合作，健全德技并修、工学结合的育人机制和多方参与的质量评价机制，深入推进教师、教材、教法改革，总结现代学徒制试点成功经验和典型案例，在国家重大战略和区域支柱产业等相关专业，全面推广政府引导、行业参与、社会支持、企业和职业学校双主体育人的中国特色现代学徒制。"这体现了现代学徒制将进入快速发展时期，成为职业教育重要的人才培养模式。

2021年10月，中共中央办公厅、国务院办公厅又联合印发了《关于推动现代职业教育高质量发展的意见》，强调："探索中国特色学徒制，大力培养技术技能人才。支持企业接收学生实习实训，引导企业按岗位总量的一定比例设立学徒岗位。"这一指导文件从政策层面对企业接收学生进行实习实训，设立学徒岗位比例等做出了要求。2022年5月1日起正式实施的新修订《中华人民共和国职业教育法》第三十条也指出："国家推行中国特色学徒制，引导企业按照岗位总量的一定比例设立学徒岗位，鼓励和支持有技术技能人才培养能力的企业特别是产教融合型企业与职业学校、职业培训机构开展合作，对新招用职工、在岗职工和转岗职工进行学徒培训，或者与职业学校联合招收学生，以工学结合的方式进行学徒培养。有关企业可以按照规定享受补贴。"至此，现代学徒制不仅上升为国家层面，而且通过法律的形式得以确立。

北京财贸职业学院积极响应国家对于职业教育的相关要求，实践职业教育人才培养新模式，科学研制了现代学徒制专业教学标准，准确把握人才培养目标和规格，以确保现代学徒制人才的培养质量。本节将以北京财贸职业学院为例，介绍其在现代学徒制方面的相关经验。

二、现代学徒制专业教学标准的制定

（一）制定要求

以习近平新时代中国特色社会主义思想为指导，坚持立德树人，促进学生德智体美劳全面发展。按照"合作共赢、职责共担"原则，校企共同开发基于工作过程和典型工作任务的专业课程体系，按照"双主体育人、工学交替、交互训练、在岗培养"的要求，制定现代学徒制专业教学标准。

（二）制定原则

（1）调研先行，方法科学。现代学徒制专业教学标准的研制须围绕"供需调研—职业能力分析—课程体系建构—标准编制"四个基本环节开展，确保各个环节间的逻辑关系和每个环节的研制质量。

（2）校企双元，岗位成才。重点体现校企联合招生、联合培养、一体化育人环节，体现招生即招工双重身份、"双主体、双场所、双导师"育人、工学交替、交互训教、在岗培养、在岗成长、绩效考核、多元评价等现代学徒制育人特征。

（3）能力分析，模块支撑。职业能力分析是现代学徒制专业教学标准制定的关键环节，通过职业能力分析获取现代学徒制专业的典型工作任务及能力要求，将典型工作任务转化为一体化的课程体系，校企共同开发专业课程，构建模块化课程结构，满足学徒在岗培养的科学性和灵活性。

（4）路径明确，不断线培养。以国家专业教学标准为依据，立足岗位分析，厘清学徒岗位成长路径，准确定位本专业人才培养目标与规格。三年不断线设置学徒岗位课程一体化设计"认岗、跟岗、轮岗、定岗"课程，体现学生岗位培养、在岗成长全过程。

（三）基本规定

1. 学时与学分

（1）现代学徒制各试点专业三年总学时控制在 2700 学时左右，并且总学分控制在 150 学分左右。校内课程（含校内开发的由校企合作完成的课程）18 学时折合为 1 学分。军训、入学教育、社会实践、毕业设计等，1 周为 1 学分。

（2）公共基础课程总学时一般不低于总学时的 25%，选修课程的学时占总学时的 15%左右。

（3）实践学时占总学时的 60%左右，学徒岗位能力课程每周按 24 学时计算，1 周为 1 学分。

2. 课程体系

本专业的课程由公共基础课程和专业课程两个模块组成。其中，专业课程分为专业基础课程、学徒岗位能力课程和专业拓展课程三类。公共基础课程根据教育部有关规定和专业人才培养目标安排，专业课程根据职业岗位（群）能力要求设置。其中，专业基础课程依据不同学徒岗位方向共同需要的职业能力要求设置，学徒岗位能力课程根据学徒岗位方向的特定要求设置，专业拓展课程为学徒适应其他相关岗位能力要求而设置，由学校自行安排。

（1）公共基础课程。

根据党和国家有关文件的规定，将思想政治理论、中华优秀传统文化、体育、军事理论与军训、大学生职业发展与就业指导、心理健康教育等列入公共基础必修课程，并将党史国史、劳动教育、马克思主义理论、大学语文、高等数学、公共外语、应用写作、健康教育、美育、职业素养等列入必修课程或选修课程。

（2）专业课程。

专业课程包括专业基础课程、学徒岗位能力课程和专业拓展课程三类，并涵盖有关实践性教学环节。专业课程的开设可参考国家专业教学标准。

专业基础课程、学徒岗位能力课程和专业拓展课程，三类课程的比例由各专业根据具体情况确定。

第五章

成果导向的培养方案

5.1　成果导向的编制原则

一、成果导向的培养方案的修订背景

成果导向教育（Outcome-Based Education，OBE）是由斯派迪（Spady）于 1981 年提出的一种教育理念，旨在通过聚焦教育过程所取得的最终成果，反向设计教学过程和开展教育行为实施。在成果导向教育的实施过程中，人才培养方案的系统设计是核心环节之一，对人才培养全过程起指导性、引领性作用。

人才培养方案是学校落实党和国家关于职业教育改革与技术技能人才培养总体要求，组织开展教学活动、安排教学任务的规范性文件，是实施专业人才培养和开展质量评价的基本依据。为充分落实党的十九大、二十大精神，着力提升聚焦社会需求的人才培养质量，北京财贸职业学院先后于 2019 年和 2022 年两次发布关于人才培养方案修订的指导意见，为学校各专业制定既符合国家、社会需要，又符合学校及各专业实际，并能充分体现成果导向理念的人才培养方案提供方向和技术层面的指导。

二、成果导向的培养方案的内容设计

在人才培养方案的修订过程中，学校特别注重围绕新版专业目录和新版国家专业教学标准，以习近平新时代中国特色社会主义思想为指导，以新版专业目录为依据，坚持立德树人，聚焦专业群建设，深化产教融合、校企合作，实施"岗课赛证"综合育人，运用成果导向分析方法，以培养具有"家国情怀、职业素养、工匠精神"的高素质复合型技术技能人才为基本定位，以坚持育人为本、促进全面发展，坚持标准引领、确保科学规范，坚持遵循规律、体现培养特色，以

及坚持面向需求、确保人才质量为基本原则，着力提升各专业人才培养方案的科学性、引领性、实用性。

在 2020 版人才培养方案的修订过程中，北京财贸职业学院明确界定了人才培养方案应包含的具体内容和要素。2020 版人才培养方案主要包括以下内容。

（1）专业概述：主要包括专业名称及代码、入学要求、修业年限等内容。此部分是对专业基本属性的界定。

（2）培养目标：主要包括职业面向（含职业岗位群核心能力分析）、培养目标、培养规格等内容。培养目标是依据国家有关教育方针政策，以及学校与专业的性质、任务提出的专业人才培养要求，是对学生毕业后 3 年左右能够从事的职业和能够达到的专业成就的总体描述。培养规格是对所培养的专业人才在知识、能力、素质方面应达到的综合要求，是对专业人才质量标准的规定。

（3）课程与教学组织：主要包括课程类型结构与比例、课程体系设计、课程目标、主要内容和教学要求、教学进程总体安排表及教学实施保障等内容。此部分是对课程、教学及其保障的体系化规定。

（4）毕业要求：主要包括学生通过规定年限的学习，修满人才培养方案所规定教学环节的学时学分，达到本专业人才培养目标和培养规格的要求。毕业要求应能支撑培养目标的有效达成。学校鼓励运用大数据等信息化手段记录与分析学生成长记录档案、职业素养达标等方面的内容，并将其纳入综合素质考核，将考核情况作为是否准予毕业的重要依据。

在课程设置方面，北京财贸职业学院 2020 版人才培养方案主要包括公共基础课程和专业（技能）课程两大类别。公共基础课程主要由通识课程和公共实践教育环节构成，包括马克思主义理论、党史国史、中华优秀传统文化、美育及学习力补偿（如阅读、数学、逻辑分析）等课程，共 96 学时，6 学分。公共基础课程分为必修和选修，占总学时的 25%～30%。专业（技能）课程也分为必修和选修，必修课程包括职业平台课程、职业核心能力课程和专业集中实践教育环节，占总学时的 55%～60%。此类课程为二级学院统管课程，由二级学院会同相关专业群所属的系进行设置、管理。选修课程为进阶发展课程，以模块化选修课程为主，占总学时的 15%左右，一般为 20 学分。此类课程以二级学院设置和管理为主，也含学校统管课程。

进阶发展课程是北京财贸职业学院的特色课程，是根据行业发展、职业发展、区域经济等对专业人才的复合型与创新型要求设置的模块化选修课程，包括专业进阶课程（一般为 10 学分）和扬长进阶课程（一般为 10 学分）。专业进阶课程既可以是新技术、新变革带来的融合型课程，也可以是社会分工更为精细化带来的纵深型课程，开设目的是横向拓展或纵向深化学生的专业素质和专业能力，一种综合能力对应一个模块，要求学生按模块整体选修。扬长进阶课程包括 X 证书模块课程、辅修专业模块课程、双创教育模块课程、技能大赛模块课程、精益技能模块课程（如精细木工、3D 打印、艺术工作室等项目制课程）等，是落实扬长教育理念，实现学生综合素质、创新能力培养，促进能力复合、个性发展的课程载体，要求学生按模块整体选修。

北京财贸职业学院 2020 版人才培养方案的课程体系构成及学时比例如表 5-1 所示。

表 5-1 北京财贸职业学院 2020 版人才培养方案的课程体系构成及学时比例

课程类别	课程性质	课程子类别	比 例
公共基础课程	必修	通识课程	25%～30%
		公共实践教育环节	
	选修	通识课程	
专业（技能）课程	必修	职业平台课程	55%～60%
		职业核心能力课程	
		专业集中实践教育环节	
	选修	专业进阶课程	15%
		扬长进阶课程	
总计			100%

第五章 成果导向的培养方案

随着北京财贸职业学院各专业对成果导向理念的理解不断深入和实践经验的不断积累，学校在 2022 版人才培养方案修订指导意见中进一步明确了在体例结构和内涵上的要求，明确要求在人才培养方案中须包含"就业岗位与人才培养规格对应关系表""课程对培养规格的支撑关系分析表"。通过支撑关系分析表的形式，明确体现人才培养方案的核心内容对外部社会需求的响应情况和实现路径，强化成果导向理念在人才培养方案中的落实。"就业岗位与人才培养规格对应关系表""课程对培养规格的支撑关系分析表"如表 5-2 和表 5-3 所示。

表 5-2 就业岗位与人才培养规格对应关系表

序号	职业岗位（群）	典型工作任务	培养目标的相关表述	对应的培养规格
1	……			
2	……			
3	……			

表 5-3 课程对培养规格的支撑关系分析表

| 序号 | 课程 | 课程目标 | 培养规格 | | |
			素质	知识	能力
1	……	1. 2. 3. ……			
2	……	1. 2. 3. ……			
3	……	1. 2. 3. ……			

5.2 源于岗位的培养面向

一、培养面向的制定基础

根据成果导向理念，人才培养方案需要以社会真实需求为制定起点，通过分析社会对专业人才的实际需要，确定专业人才培养方向，并逆向设计培养目标、培养规格、课程体系等具体内容。因此，对社会真实需求进行有效分析进而得到源于真实岗位的专业人才培养面向，既是成果导向理念指导下人才培养方案设计的逻辑起点，也是系统设计人才培养方案的中心工作。

为获取有效、真实的社会需求，为学校各专业人才培养方案的制定提供内容支撑，北京财贸职业学院通过大数据技术对北京地区主流社会招聘网站所示的招聘信息进行了数据采集和分析，并形成了《北京市现代服务业技术技能人才分析报告（2022）》《北京财贸职业学院专业人才需求分析报告（2022）》等成果，为各专业深入分析社会需求，以实际岗位确定专业人才培养面向提供了工作基础和内容支持。

《北京财贸职业学院专业人才需求分析报告（2022）》基于大数据分析、自然语言处理（Natural Language Processing，NLP）等方法，对北京市与北京财贸职业学院各专业相关的招聘信息进行汇总整理，展现了产业在就业市场上主要面向的典型岗位画像、任职资格、专业需求、行业结构、雇主画像等方面的特征。通过对这些信息的整理、挖掘和分析，获取各专业在社会招聘视角下的真实需求，为各专业制定源于岗位的培养面向提供依据。

二、培养面向的内容分析

在过往研究成果中，对于产业人才需求方面，多采用定性分析法、数学模拟法、实证分析法等。这些方法均可通过对一定范围的内容进行研究进而获得预期结论。上述三种方法均能够对产业人才需求进行相关的研究分析，并做出一定程度的预判。同时也应看到的是，这三种方法亦有其自身的局限性。定性分析法以宏观政策导向、产业情况描述等为核心依据，虽然能够辅以必要的定量数据，但其核心仍基于主观判断，实证数据略显不足。数学模拟法通过对过往情况数据进行建模和推演，从而对未来发展趋势，特别是人才需求的精确数字做出预测。但此种方法对于既有数字有较大依赖，在预测过程中对于行业的动态需求变化和政策导向变化等影响因素的考虑充分度不足。而对于实证分析法而言，受制于研究人员所采集样本容量和样本有效性等统计学范畴的基础条件，往往仅能对有限且范围相对狭窄的信息进行实证取样。受此制约，实证分析法的突破重点在于扩大用于实证过程中的样本容量。

北京财贸职业学院以实证分析法为核心方法，通过大数据技术，对毕业生常用的主流招聘网站进行数据抓取。数据抓取范围为北京市与学校各专业相关的招聘信息，并对范围内的数据进行全样本抓取，同时以固定规则进行筛选与清洗，并利用大容量、严筛选、精对应的数据抓取结果，对北京市与学校各专业相关的招聘信息进行定向分析。

通过大数据技术，可以解决实证分析法在实施过程中存在的样本容量不足的问题。同时，主流招聘网站中所公开的信息均为社会用人单位对所需人才的真实信息，能够有效反映社会用人单位的实际用人需求，包括专业背景、工作资历、任职资格、所需能力等方面，是高校人才培养对接社会需求的最直观途径。因此，对主流招聘网站中的招聘信息进行网络大数据抓取，能够在解决实证分析法样本容量不足这一常见问题的前提下，对数据抓取时点的实时情况进行精确汇总，并通过对学校各专业相关岗位的专门分析等，以对学校所面对的产业人才需求情况进行现实判断。

此外，网络招聘信息中的核心是关于岗位说明、任职资格、知识技能要求等方面的内容。这些内容通常为非结构化的文本信息，定量分析起来难度极大。但这些内容（主要是任职资格）中包含对于岗位的专业能力、通用能力等方面的具体要求，是大学生求职和雇主招聘之间进行人岗匹配的关键信息，更是高校人才培养的终极产出目标（Outcome），因此必须使用现代技术加以分析，提取其中的关键信息。《北京财贸职业学院专业人才需求分析报告（2022）》还利用自然语言处理技术对这些信息进行了深度分析。首先，通过对文本信息进行语义分析，提取海量文本中的关键词，构建关键词词典；其次，按知识图谱原理开发统计程序，对关键词之间的关系、关系的强弱、关键词的频率等进行建模，发现大量岗位说明、任职资格及知识技能要求等信息中所蕴含的共性专业能力、通用能力；最后，以数据可视化技术将知识图谱分析结果呈现出来，以便直观阅读和分析。

三、培养面向的内容依据

以北京财贸职业学院大数据与会计专业为例。在职业类型方面，根据《北京财贸职业学院专业人才需求分析报告（2022）》中的数据分析结果，北京市在大数据与会计专业相关的典型职业需求中，需求占比较高的有会计专业人员（占比45.63%）、管理（工业）工程技术人员（占比 7.57%）、销售人员（占比 7.37%）等。除此之外，其他职业占比均小于 5%。

从学历要求上看，总体而言，大部分职业中最低学历要求为本科的潜在岗位需求占比要高于最低学历要求为专科的潜在岗位需求占比，表明北京市和大数据与会计专业相关职业对人才学历的要求较高。其中，会计专业人员、管理（工业）工程技术人员、信息和通信工程技术人员、餐饮服务人员、信息通信网络运行管理人员、建筑工程技术人员、人力资源专业人员、审计专业人员等职业的最低学历要求为本科的潜在岗位需求占比均超过 60%，更倾向于招聘本科及以上层次人才。但也有一些职业为专科层次人才提供了较多的岗位，如销售人员、其他社会生产和生活服务人员、保险服务人员、采购人员等，其最低学历要求为专科的潜在岗位需求占比均超过50%。

在行业分布方面，北京市对大数据与会计专业需求较多的行业包括信息传输、软件和信息技术服务业（占比31.91%），租赁和商务服务业（占比21.49%），制造业（占比13.45%），金融业（占比10.92%），房地产业（10.84%）等，表明这些行业的需求量较大。

从学历要求上看，总体而言，大多数行业中最低学历要求为本科的潜在岗位需求占比要高于最低学历要求为专科的潜在岗位需求占比，可见北京市和大数据与会计专业相关行业对人才学历的要求较高。其中，房地产业，建筑业，住宿和餐饮业，文化、体育和娱乐业，电力、热力、燃气及水生产和供应业，水利、环境和公共设施管理业，农、林、牧、渔业，采矿业，科学研究和技术服务业，公共管理、社会保障和社会组织等行业的最低学历要求为本科的潜在岗位需求占比均超过60%，更倾向于招聘本科及以上层次人才。但也有一些行业为专科层次人才提供了较多的岗位，如金融业，教育，交通运输、仓储和邮政业，居民服务、修理和其他服务业等，其最低学历要求为专科的潜在岗位需求占比均超过50%。

以这些信息为基础，北京财贸职业学院的大数据与会计专业有针对性地制定了本专业的具体培养面向，在充分考虑社会需求数量、对应行业领域、职业岗位质量、职业发展空间等信息的基础上，确定专业的培养面向及培养目标。

5.3 体现特色的培养规格

在成果导向理念的指导下，人才培养方案的培养规格设置应充分对接专业毕业生未来从事岗位的具体工作要求。因此，培养规格的内容来源应以真实的岗位能力要求、任职资格等为基础进行分析。为使各专业培养规格能够深刻实践成果导向理念、充分对接社会需求和岗位要求，《北京财贸职业学院专业人才需求分析报告（2022）》亦对学校各专业社会需求信息中的任职资格部分进行了深入分析，以期了解各工作岗位对从业人员的实际要求，实现专业人才培养与社会需求之间的紧密对接。

一、培养规格分析的技术路径

任职资格是指为了保证工作目标的实现，对任职者必须具备的专业能力和通用能力方面的要求。它常常以胜任岗位所需的学历、专业、工作经验、工作技能、能力等加以表达。高校人才培养与社会需求的"适应性"问题，除从职业的类型、岗位量、薪资等要素分析外，还需要从职业内涵的角度，考察其对于岗位任职资格的具体要求。在高校的专业中，这些任职资格就是其培养要产出的具体内容，也就是所谓的"培养规格"。瞄准岗位任职资格来确定专业的培养规格，就是在遵循成果导向原理。

现实中每一个岗位的任职资格文本描述都不尽相同，在文本结构、内涵表达等方面呈现出高度的非结构化特征，同时在数量上又呈现出海量文本的特征。为探究北京市对北京财贸职业学院各专业相关人才的任职资格需求情况，为北京财贸职业学院人才培养目标的确定提供参考，《北京财贸职业学院专业人才需求分析报告（2022）》利用自然语言处理技术，基于北京市与北京财贸职业学院各专业相关的需求数据，并结合高等教育培养规格分类标准，建立了对任职资格的量化分析模型，对数据监测所采集到的岗位任职资格文本进行了汇总、筛选、分析，并对岗位描述的文字内容进行了知识图谱构建，形成了北京财贸职业学院整体任职资格词云图。

二、培养规格的内容依据

图 5-1 是北京市与北京财贸职业学院相关的岗位任职资格经自然语言处理得到的词云图。图中字号越大表明权重越大，即该能力在岗位中越重要。根据

图 5-1 可以直观地看到相关岗位重点需求的任职资格，也就是高校应重点设置的培养规格。

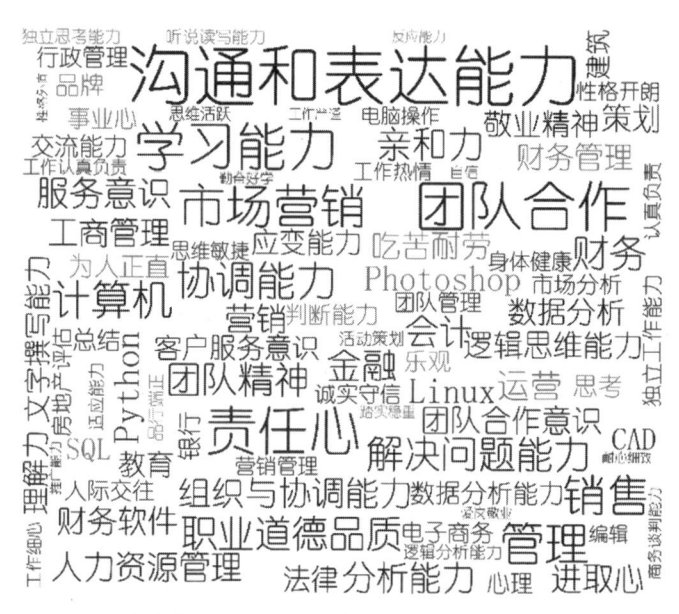

图 5-1　北京市与北京财贸职业学院相关的岗位任职资格词云图

此外，为满足北京财贸职业学院相关专业未来申报本科层次职业教育专业的需求，该报告还对相关岗位任职资格的知识需求差异进行了分析，以了解相关岗位在本、专科层次上对知识、能力、素质要求的异同。知识需求是指雇主对于求职者的任职资格在知识方面的要求。在产业升级过程中，雇主对人才的知识需求也发生着相应的变化。因此，剖析北京市与北京财贸职业学院相关的岗位对不同学历层次人才知识需求的异同，对于学校的人才培养具有重要的参考作用。

该报告利用自然语言处理技术，对数据监测所采集到的岗位任职资格文本进行了汇总、筛选、分析，并以与北京财贸职业学院相关的本、专科层次岗位中命中率排名前 50 的知识需求为基准，构建了本、专科的知识需求差异模型（见图 5-2），以探究北京市对北京财贸职业学院各专业在不同学历层次上的知识需求差异。其中，越远离圆心的数据命中率越高，代表该知识需求越高。

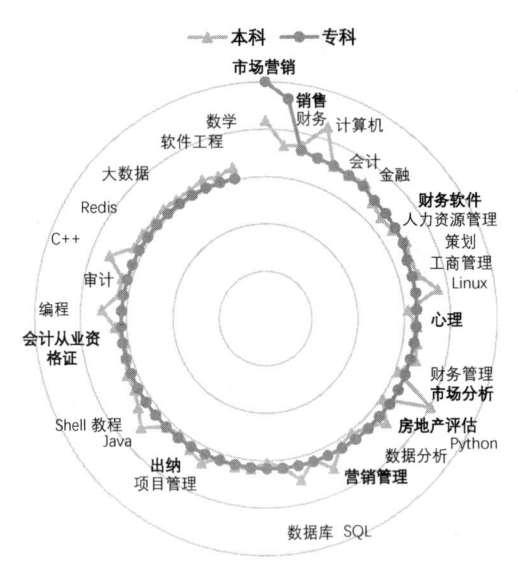

图 5-2　北京市对北京财贸职业学院各专业在不同学历层次上的知识需求差异

根据《北京财贸职业学院专业人才需求分析报告（2022）》，在本、专科层次岗位中命中率排名前 50 的知识需求中，从知识需求的广泛程度上看，本、专科层次岗位中命中率均较高的知识需求包括市场营销、销售、财务、会计、金融等金融会计相关知识。这些知识是适用于与北京财贸职业学院各专业相关的大多数岗位的高需求知识。此外，本科层次在计算机、数据库、编程、大数据、软件工程、数学等计算机相关专业技术知识，人力资源管理、策划、工商管理、财务管理、数据分析、项目管理、审计等数据分析及管理类知识，以及 Linux、Python、SQL、Java、Shell 教程、C++、Redis 等软件使用及编程类知识上的命中率高于专科层次，差距比较明显。而专科层次在市场营销、销售、市场分析、房地产评估、营销管理等销售和服务类知识，财务软件、出纳、会计从业资格证等会计相关知识上的命中率高于本科层次。这说明本科层次相关岗位更倾向于要求从业人员掌握更多的计算机及管理相关知识，而专科层次相关岗位则对销售服务类和会计相关知识的需求更为广泛。

因此，高校在培养财经商贸类技术技能人才时，对不同学历层次人才的培养规格设置应有所差异。除财经商贸专业大类所必须具备的基础知识外，本科层次人才还应加强在信息技术方面的知识和技能培养，而专科层次人才则以销售、财务、会计等基础知识为主。同时，高校须密切关注产业发展动向，及时对课程内容进行更新。

具体到专业层面来看，各专业在制定本专业培养规格时，应更加有针对性地分析本专业所面临社会需求的能力要求情况。

以北京财贸职业学院的大数据与会计专业为例，表 5-4 是本专业的本、专科层次任职资格命中率及具体描述，包括专业能力和通用能力。为探究某项技能在社会需求中的广泛程度，该报告还分析了社会需求中排名靠前的专业能力/通用能力的内容及其命中率特征，并对比分析了招聘市场对大数据与会计专业不同学历层次人才在各项专业能力/通用能力上的需求广泛性差异。需要注意的是，部分岗位对本、专科层次的任职资格没有相关要求，所以表 5-4 中用"—"表示。

表 5-4　大数据与会计专业的本、专科层次任职资格命中率及具体描述

类　型	任 职 资 格	本科命中率	专科命中率	具 体 描 述
专业能力	会计	34.33%	34.76%	了解国家财经政策和会计、税务法规
	财务管理	36.64%	28.87%	具有较好的金融基础理论、财务管理知识、投资理论知识
	财务软件	13.34%	20.63%	熟练使用财务软件
	分析能力	13.48%	14.60%	善于处理流程性事务，具有良好的学习能力、独立工作能力和财务分析能力
	Office	13.03%	14.27%	熟悉 Excel、Word 等 Office 应用软件
	金融	11.73%	13.63%	具有较好的金融基础理论、财务管理知识、投资理论知识
	出纳	3.66%	10.08%	具有出纳工作经验
	税务法规	3.43%	9.06%	了解税务法规
	国家财经政策	2.68%	8.53%	了解国家财经政策
	会计从业资格证	3.80%	7.71%	具有会计从业资格证
	银行	2.50%	6.36%	熟悉银行结算业务
	用友	4.64%	5.83%	熟练使用用友软件
	行业管理	—	5.33%	熟悉行业管理的法律、法规和其他相关政策
	记账	—	5.07%	具备日常现金管理，银行的收支、核算、票据审核等知识和能力
	会计报表	2.21%	4.78%	熟悉会计报表的处理

续表

类型	任职资格	本科命中率	专科命中率	具体描述
专业能力	审计	11.25%	4.54%	熟悉国家会计准则，以及相关的财务、审计法规与政策
	金蝶	3.18%	4.48%	熟练使用金蝶财务管理软件
	投资理财市场	2.21%	4.78%	了解和善于分析国内外投资理财市场的发展
	财会	6.21%	4.31%	具有财会及类似的工作经验
	成本核算	3.27%	3.72%	了解成本管理及成本核算方法
通用能力	团队合作	25.62%	23.33%	具备团队合作精神
	责任心	24.28%	22.48%	具有较强的责任心
	学习能力	22.94%	21.37%	具有较强的学习能力
	职业道德品质	14.62%	16.97%	具有良好的职业道德品质
	管理	12.37%	12.22%	具备一定的管理素养
	独立工作能力	4.93%	9.82%	善于处理流程性事务，具有良好的独立工作能力
	协调能力	9.87%	7.91%	具有较强的协调能力
	执行力	7.91%	6.92%	具有较强的执行力
	积极	6.57%	6.89%	具备主动积极的职业心态
	品行端正	1.14%	5.60%	为人诚实可靠、品行端正

对于上述内容的分析，有效地构建了学校整体层面对于商科类人才培养的核心知识和能力范围，并为具体专业提供了有针对性的详细信息。以此为基础，各专业可有效地构建面向社会真实需求的培养规格内容设计。

5.4　支撑定位的课程体系

一、课程体系的多方共建

2021年，在中国职业技术教育学会智慧财经专业委员会的组织下，北京财贸职业学院和中联企业管理集团牵头，联合全国30多所院校及行业组织的50多名专家，形成包括2个课题研究报告、2个专业群人才培养方案基本框架、11项专业人才培养方案、22项特色课程标准在内的系列成果。成果为教育主管部门组织制定教学标准体系提供了参考，为学校研制两个双高专业群课程体系提供了重要依据。

二、课程体系的构建逻辑

以群为单位开展职业岗位分析,通过毕业生跟踪调查、企业访谈、职业能力分析、课程体系构建四个阶段的工作,形成专业群职业能力分析报告,并以此构建了专业群统领下的各专业"两平台、一核心、双进阶"课程体系。

专业群课程体系开发路径和周期如图 5-3 和图 5-4 所示。

专业群课程体系开发路径

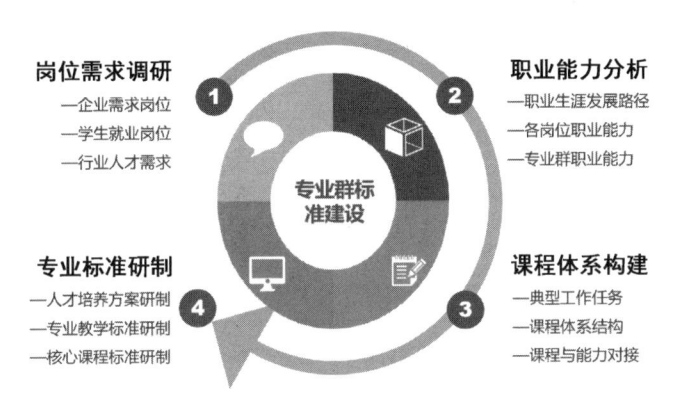

岗位需求调研 ①
— 企业需求岗位
— 学生就业岗位
— 行业人才需求

职业能力分析 ②
— 职业生涯发展路径
— 各岗位职业能力
— 专业群职业能力

专业群标准建设

专业标准研制 ④
— 人才培养方案研制
— 专业教学标准研制
— 核心课程标准研制

课程体系构建 ③
— 典型工作任务
— 课程体系结构
— 课程与能力对接

图 5-3 专业群课程体系开发路径

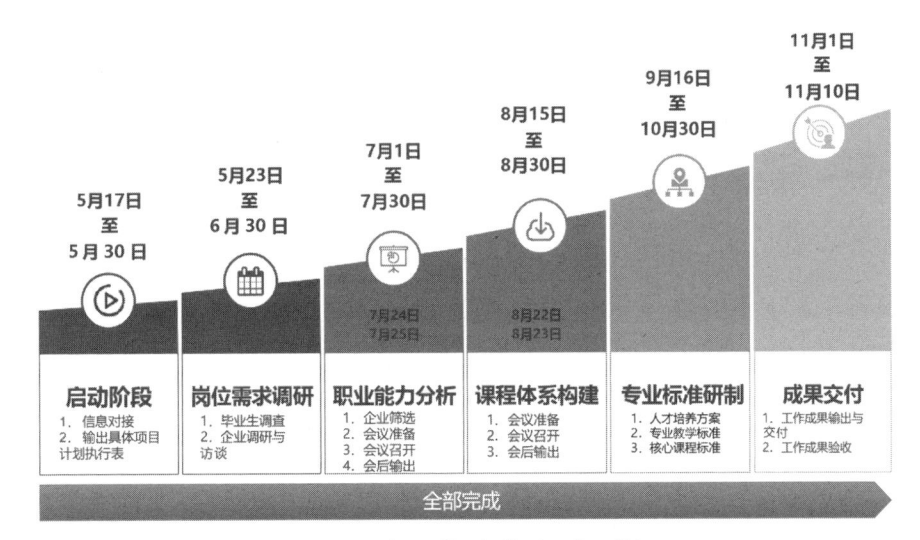

启动阶段	5月17日至5月30日	1. 信息对接 2. 输出具体项目计划执行表
岗位需求调研	5月23日至6月30日	1. 毕业生调查 2. 企业调研与访谈
职业能力分析	7月1日至7月30日(7月24日、7月25日)	1. 企业筛选 2. 会议准备 3. 会议召开 4. 会议输出
课程体系构建	8月15日至8月30日(8月22日、8月23日)	1. 会议准备 2. 会议召开 3. 会后输出
专业标准研制	9月16日至10月30日	1. 人才培养方案 2. 教学标准 3. 核心课程标准
成果交付	11月1日至11月10日	1. 工作成果输出与交付 2. 工作成果验收

全部完成

图 5-4 专业群课程体系开发周期

"两平台、一核心、双进阶"课程体系实现了底层共享、中层分立、顶层互选,支持学生知识、能力、素质全面发展。其中,公共基础平台课(公共基础课)、职业平台课以全校各专业共享、专业群共享为主,但专业群内各专业在职业平台课上有个别差异,如会计、金融;专业课中的职业核心能力课,各专业相对独立设置,对接主要就业岗位,对标职业核心能力,体现专业特色;专业进阶、扬长进阶类进阶发展课,分别是专业群内各专业互选和全校各专业可以共享互选的课程,服务学生职业能力提升、拓展的需要,服务学生扬长发展。"两平台、一核心、双进阶"矩阵式课程学习地图如图5-5所示。

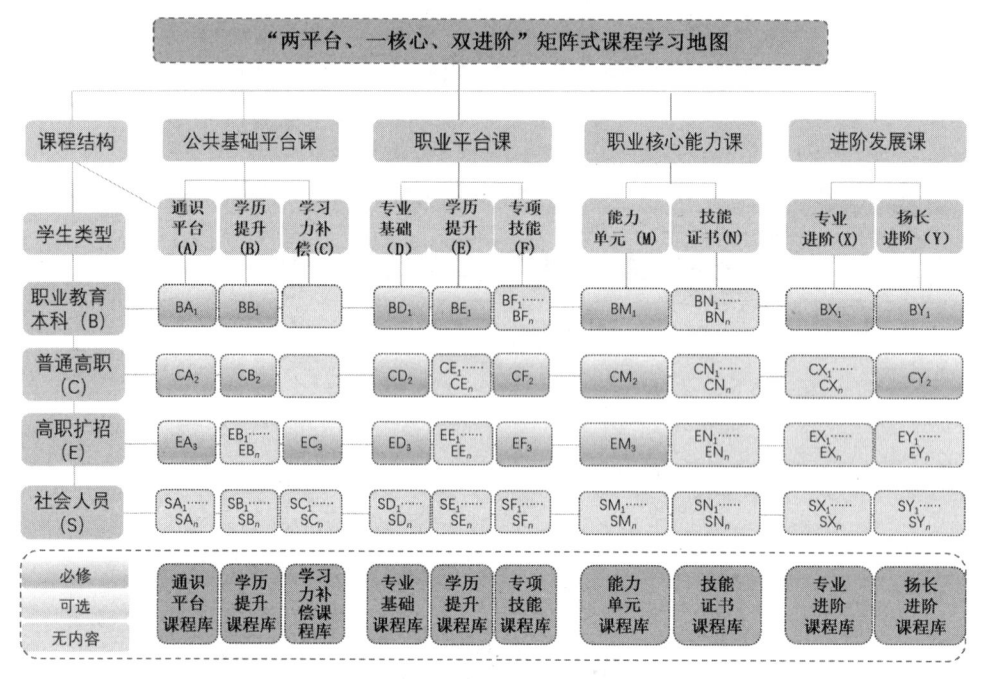

图5-5 "两平台、一核心、双进阶"矩阵式课程学习地图

根据三年制高职、中高本贯通、"3+2"中高职衔接、高职扩招等多层次学习者的培养需求,打造通识平台、学历提升、学习力补偿、专业基础、专项技能、能力单元、技能证书、专业进阶、扬长进阶模块化课程单元,提供模块灵活组合、课程衔接递进的课程产品和学习服务,为适龄和非适龄段学习者提供终身学习支持。

与此同时，大力推行扬长教育，实施"三个课堂"教学改革，建成学业支持中心、课程置换通道等学业支持平台。选修课程学分占比达到12%，选修课程资源增加400门，转专业申请成功率达到95%。以优长促发展，满足不同类型学生的个性化学习需求，形成30余项涉及职业倾向测评、转专业、选课程、课程置换、学业指导、工学交替等的柔性化与个性化的教学管理制度体系，扬长教育教学成果荣获北京市职业教育教学成果一等奖。完成"两平台、一核心、双进阶"课程结构下的1144门课程标准的编制，落实课程学习地图开发任务，搭建适应学生终身学习的学习通道。

第六章

因势利导的课程创新

6.1 课程改革的制度设计

课程标准是学校落实党和国家关于技术技能人才培养总体要求，规范课程设置与教学行为的纲领性文件。它规定了课程的性质与目标、教学内容与要求、实施建议、教学评价等，与人才需求调研、职业能力分析、人才培养方案一脉相承，是课堂教学实施、师资队伍建设、教材建设、教学资源开发、设施设备配备、考核评价的依据。学校须加强课程标准的制定和实施管理，以规范教学行为，提升教学质量。

一、课程标准的制定原则

（1）课程标准的制定应坚持立德树人的根本要求，结合学生的学习特点，遵循职业教育的人才培养规律，把立德树人融入思想道德教育、文化知识教育、技术技能培养、劳动教育、社会实践教育等各个环节，强化学生职业素养的养成，将专业精神、职业精神和工匠精神融入课程教学过程。

（2）课程标准的制定应遵循职业教育和技术技能人才成长规律，以人才培养目标与规格等相关要求为总依据，落实人才培养方案中课程设置要求及教学整体安排，明确本课程在课程体系中的地位、作用和任务，发挥好本课程的支撑作用，处理好与相关课程的关系。

（3）课程标准的制定应依据国家教学标准，落实人才需求调研、职业能力分析和人才培养方案的相关内容，将人才培养方案中对本课程的要求与职业岗位对从业人员的能力要求相对应，使课程内容紧密联系生产劳动实际和社会实践，对接行业企业新趋势、新技术、新模式、新业态变革对技术技能人才培养的新要求，突出科学性、应用性和实践性，注重学生职业能力和可持续发展能力的培养。

（4）课程标准要在体现知识、能力、素质的基本标准和评价要求的同时，关注大多数学生的学习水平和接受能力，是绝大部分学生通过学习能够达到的标准。课程标准所做出的规定要具体明确。

二、课程标准的主要内容

在课程标准中，应重点包含以下内容。

（一）课程基本信息

在课程基本信息部分，应明确介绍课程名称、课程编码、课程学时及学分、开课单位、先修课程、后续课程、适用专业、开设学期、教学方式、考核方式、成绩构成等信息，作为课程标准的总述性内容，使之一目了然，明确课程的核心信息和基本属性。

（二）课程性质与课程任务

在课程性质部分，应说明本课程的课程类型及性质，须依据职业能力分析说明本课程对应的职业岗位、工作任务和能力要求（专业课），说明本课程与其他课程的关系，以及其在课程体系中的地位与作用。例如，本课程是×××专业的一门×××课程，是从事×××、×××、×××必须学习的课程，其先修课程是×××，将为后续学习其他×××课程奠定基础。

在课程任务部分，应介绍课程的基本任务，如要讲授的内容，帮助学生达成什么目标等。例如，×××课程的任务是全面贯彻党的教育方针，落实立德树人根本任务，帮助学生达成×××目标。

（三）课程要求与课程目标

课程要求是对课程总目标的要求，是对学生课程学习预期结果的综合概括，是专业人才培养目标在本课程的具体体现，应包含人才培养方案"培养规格"中与本课程的对应要求。从"能够了解/理解/掌握/描述×××，养成×××职业习惯，具有×××职业素养，形成×××能力"等方面，表达能力的终点状态。课程要求要体现课程对学生在知识、能力、素质等方面的总体要求，体现学生学习完本课程后应达到的预期结果。

课程目标包括知识、能力、素质目标，要与人才培养方案中"培养规格"的内容相对应。制定目标时应注意，课程目标是指学生学习完本课程后最终应达到的学习结果，而不是教学过程。课程目标的达成主体是学生而不是教师，目标采取动宾结构描述，主语应是学生，可省略，默认为学生。

（四）课程结构与课程内容

课程结构是体现新技术、新工艺、新规范，体现前期专业调研、人才需求分析、典型职业活动分析的重要部分，是依据职业成长规律和学生学习特点，体现课程改革、体现"岗课赛证"融通的重点模块，能清晰展示课程的组成。在课程结构部分，应清晰介绍课程的整体结构，包括课程所包含的单元（或模块、项目）、学时安排等。建议课程结构以图表的形式直观、形象地展示各单元的结构关系。

课程内容的设计要立足教学质量的整体提升，依据人才培养方案，落实职业教育国家教学标准，对接职业标准（规范）、技能大赛赛点、职业技能等级证书（1+X 证书）考点、职业资格证书考点等，关注有关产业发展新趋势、新业态、新模式，体现专业升级和数字化改造。在课程内容部分，应结合专业特点、课程特点，做好课程思政的系统设计，有机融入劳动精神、工匠精神、劳模精神等育人新要求，实现"润物细无声"的育人效果。实训教学内容应基于真实工作任务、项目及工作流程或过程等。专业课程应基于工作任务进行模块化课程组织与重构，采用强化能力培养的项目化教学等行动导向教学方法。在课程内容的设计过程中，应明确且重点体现课程的学习单元、学习任务、能力点、学习内容与要求、学习成果等信息。

（五）课程考核与评价

课程考核与评价旨在对学生学习达成课程目标情况进行评估，应结合课程目标、课程特点设计"课程考核方案"，明确每一项考核内容所对应的知识、能力、素质目标。课程考核与评价要强化学习过程评价，体现多元评价方法，增加对学生学习态度、学习方法和学习情感的考核，关注增值评价，注重对学生动手能力和在实践中分析问题、解决问题能力的考核，关注学生个别差异，鼓励学生创新实践。

（六）课程实施与保障

在课程实施与保障部分，应基于课程教学需要，先介绍本课程总的教学要求，然后对课程实施的各方面提出标准性的要求。具体要求应包含教学方法与手段要求、教学环境与条件要求、教材与教学资源要求、课程教学团队要求等。

（七）授课进程与安排

授课进程与安排是课程实施的时间和内容计划，可用表格的形式呈现，明确课程内各项内容的先后关系、开展时间、所需时长等。对跨学期的课程，需要明确哪些单元在哪个学期开展。

三、高职人文素养课程和职业平台课程专项开发

（一）开发背景

为落实专业升级改造三年行动计划，搭建多种学制和人才培养模式并存下的基础课程学习平台，2017年，北京财贸职业学院决定开展高职人文素养课程和职业平台课程开发立项工作，并面向校内印发《关于开展高职人文素养课程和职

业平台课程开发立项的通知》。本次课程开发以 2017 年院级教学改革立项的方式开展，以高职人文素养课程和职业平台课程为重点建设范围，由课程负责人主动申请立项。参与立项的人文素养课程包括思政与财贸素养课程、汉语文学、英语语言、数学与科学、信息技术、艺术与健康六个大类，职业平台课程为财经、商贸、旅游、艺术和建管五个专业群内的课程，且满足专业群内部共享和适宜向其他专业群开放的要求，具有通用性的特征。

（二）开发方法

依据不同课程的性质和特点，将课程内容模块化，每门课程最终形成"基础"和"专业"两大模块。

（1）在基础模块里，开发模块 1、2、3……，每种模块的学时均为 18 的倍数。基础模块是学生达到毕业标准所必修的课程，依据知识、能力的递进关系设计模块序列，模块之间具有由浅入深、由单一到复杂的逻辑关系，不同人才培养模式（七年贯通培养、三年制、"3+2"）通过模块的选择，达到培养规格上的要求。例如，可以"3+2"修"基础 1"，三年制高职修"基础 2"，贯通修"基础 3"。

（2）在专业（职业）模块里，开发模块 A、B、C……，每种模块的学时均为 18 的倍数。专业模块包括专业纵深发展必修模块和学生个性发展选修模块。专业纵深发展必修模块之间具有一定的逻辑关系，学生个性发展选修模块之间没有必然的逻辑关系。

（3）按照教学计划，在不同人才培养模式下的必修课程有基本学分要求，各专业通过"基础模块+专业纵深发展必修模块"组合式选择，确定每门必修课程的必修模块，达到培养规格和专业发展的要求。

（4）"学生个性发展选修模块"的课程通过公共选修课程或专业选修课程的方式开设，课程名称由课程负责人确定，学生通过选修实现个性化学习。

四、职业平台课程、职业核心能力课程、技能大赛转化项目、实训室开放项目建设

为深化教育教学改革，推进专业升级改造，提升教学软实力，北京财贸职业学院于2018年开展校级教育教学改革立项工作，印发《关于组织申报2018年校级教育教学改革立项项目的通知》，重点面向职业平台课程、职业核心能力课程开展课程改革建设，并面向技能大赛开展转化项目建设、面向实训室开展开放项目建设。

在职业平台课程建设方面，于2018年开展10门职业平台课程的开发与建设，课程开发借鉴"宽基础、活模块"（KH）集群式课程模式进行架构，每门课程依据不同的人才培养模式和专业特点开发不同的"基础"和"专业"模块，通过"基础+专业"模块的组合选择，形成适合不同人才培养模式、不同专业的职业平台课程标准。

在职业核心能力课程建设方面，在2018年年初配合专业升级改造，以立信会计学院、金融学院、商学院、旅游与艺术学院、建筑工程管理学院5个二级学院为单位，新建20门理实一体的职业核心能力课程并配套制定课程标准，构建职业核心能力课程体系，进而实现职业领域课程的底层共享、中层分立、顶层互选。

在技能大赛转化项目建设方面，从校内优秀示范专业中选取5个赛项，将大赛成果转化成课程教学资源，主要包括5个方面：竞赛成果整理、理论知识整理、流程规范整理、竞赛心得整理、微课视频拍摄。有效地将竞赛师生的技能形成过程转换到实训的过程中，将竞赛的心得体会和训练内容融合到课题项目的设计中。

在实训室开放项目建设方面，在2018年支持实训室开放项目建设，实现学校实训资源共享，提升实训资源的使用效益，支持学校扬长教育模式改革，鼓励

学生利用课余时间在实训室开展丰富多彩的第二课堂和参与"技能俱乐部"活动，促进学生全面发展。

五、课程综合改革

为落实北京市特高校建设任务，深化教学改革，探索与培育一批具有财贸特质、首都特色、世界一流的教学改革成果，北京财贸职业学院于 2019 年印发《关于开展 2019 年校级教学改革项目立项工作的通知》，正式开展 2019 年教学改革项目立项工作。本次教学改革以课程思政、专业群课程体系、在线课程、混合式教学和公共基础课程（限选课程）、学习力补偿课程、进阶发展课程为建设重点，进一步延续和强化北京财贸职业学院课程改革的早期建设成果，形成课程改革的持续性体系。

六、课程思政专项建设校级教学改革

为全面落实立德树人根本任务，推进课程思政建设理论研究和教学实践，北京财贸职业学院于 2021 年印发《关于开展 2021 年度课程思政建设类校级教学改革项目立项工作的通知》，正式开展 2021 年度课程思政专项建设。本次教学改革以课程思政为主要建设对象，主要包括以下内容。

（1）挖掘课程思政元素。充分挖掘各门课程中蕴含的思政元素，将价值导向与知识传授相融合，明确课程思政教学目标，在知识传授、能力培养中，弘扬社会主义核心价值观，传播爱党、爱国、积极向上的正能量，将思想价值引领贯穿课程标准、教案、备课授课、教学评价等教育教学全过程。

（2）梳理项目建设基础。对课程的性质与作用、课程设计的理念与思路、课程改革和建设成果等课程基本情况进行简要介绍，并梳理课程在课程思政领域的教学案例、教学资源等建设基础。

（3）规划项目建设内容。以学习者为中心，基于职业能力分析，融入课程思政内容，梳理课程教学目标，重构课程教学内容，以知识点、技能点为逻辑规划建设课程思政的内容和教学资源。

（4）加强教师队伍建设。转变教师重知识传授、能力培养，轻价值引领的观念，充分发挥基层教学组织、老教师传帮带的作用。鼓励思政课程教师与专业课程教师加强交流与合作，开展专题培训、学习研讨、集体备课等活动，强化专业课程教师的思政素养、思政教育技能，引导教师彰显课程的价值与使命。

（5）更新课程教学资源。修订课程标准、教案等教学文件，融入思政元素，结合课程教学内容与教学方法，明确思政教育的融入点。制作新课件，根据新的课程标准，编制具有思政元素和德育功能的教学课件。明确课程思政教学案例、课程思政教学设计案例（课例）、课程思政微课视频、课程思政教材、其他教学素材等成果的形式和数量，资源形式要求丰富多样，体现量大面广，实现资源冗余。

（6）改革推广教学方法。根据课程思政的内容需求，开展教学方法和组织形式改革，因课制宜地推行翻转课堂、混合式教学等教学改革。收集与整理课程实施过程中的典型案例（如视频、照片、学生反馈和感悟等），将思政教育融入人才培养案例库，形成可复制、可推广的教学改革经验。

6.2 课程思政的"最美课堂"

北京财贸职业学院深入实施《高等学校课程思政建设指导纲要》和《全面推进北京高等学校课程思政建设工作方案》，围绕学校"财贸特质、首都特色、国际知名的新商科职业院校"办学定位和"中国服务精品商学院"发展愿景，以"京商文化"精神为内涵，突出北京财贸"课程思政"特色，打造具有"北京财贸"特色的课程思政实施体系。学校连续三年开展"最美课堂"建设与评选，在2020—2022年分别发布《关于组织开展教书育人"最美课堂"评选活动的通知》《2021 年教师教学能力比赛暨课程思政"最美课堂"评选工作方案》《2022 年教师教学能力比赛暨"财贸好课堂"评选工作方案》等专项建设方案，通过"最美课堂""财贸好课堂"评选等活动的开展，促进校内课程思政改革的深入实施。

一、"最美课堂"的建设方法

（一）加强组织领导，健全工作体系和工作制度

学校成立由校党委书记和院长任组长，以分管思政工作和教学工作的校级领导及有关部门负责人为成员的课程思政工作协调小组，健全工作机构，统筹推进全校课程思政改革工作。协调小组办公室设在教务处，并加强教务处、组织部、宣传部、教师工作部、人事处、科研处、教学督导与评价中心等相关部门和各二级学院工作的联动，明确职责，协同合作，确保课程思政建设任务落到实处。

在校党委的指导下，学校于 2017 年率先启动了第一批课程思政校级教学改革立项的建设工作，于 2020 年、2021 年又相继出台了《北京财贸职业学院深化课程思政建设实施方案》（北财院教发〔2020〕78 号）、《关于进一步推进课程思政建设 培育课程思政示范项目的工作实施方案》（北财院教发〔2021〕94 号）等文件，不断深化课程思政建设内涵，构建完善的课程思政工作体系、教学体系和内容体系，促使课程思政的理念达成广泛共识，形成全课程育人格局。

（二）以"京商文化"精神为内涵，树立课程思政的财贸品牌

对标"家国情怀、职业素养、工匠精神"中国服务素养内涵，依托财贸素养德育品牌，将"精诚守信、精益求精、以客为尊、敢于创新、追求卓越"的"京商文化"精神融入课程思政建设的核心内涵。

各专业系统梳理与深入挖掘专业文化、行业文化、学科知识中的课程思政点，目前学校已完成人才培养方案、课程标准、课程名片等教学文件的更新编制，课程思政已全面融入教学标准，全面进入课堂教学。

(三)以课程思政"最美课堂"为标识,深化课程思政示范项目建设

学校从 2017 年开始,坚持以校级教学改革立项的方式,建设并选树一批课程思政"示范课程""示范课例",至今已立项建设课程思政校级课程 67 门,同步打造校级团队 67 支,从中评选示范课程 17 门、示范课例 65 个,有 3 门课程成为北京市课程思政示范项目。各专业系统挖掘思政元素,编写课程思政教学案例达到 1500 个。通过以点带面的形式,全面提升课程思政建设水平,形成了一大批课程思政教学资源和改革先进典型。

在此基础上,学校每年组织一次课程思政"最美课堂"评选活动,至今已坚持三年,评选出 19 个校级课程思政"最美课堂",让课程思政的育人效果显性化、让辐射带动作用见功见效。2021 年,商学院张璐老师参加中共北京市委教育工作委员会组织的北京市高校课程思政教书育人"最美课堂"的评选活动,成为北京高职唯一获奖教师,荣获该项比赛的二等奖。

(四)以协同育人研究中心和工作站为依托,实现思政课程、公共基础课程和专业课程同向同行

校党委牵头,带领马克思主义学院在各二级学院成立思政课程与课程思政协同育人研究中心和工作站,搭建思政课程、公共基础课程和专业课程教师交流研讨与资源共享平台。马克思主义学院与各二级学院建立协作关系,发挥思政课程教师的专业优势,协助挖掘各类公共基础课程和专业课程中蕴含的思政元素,解决各类课程与思政课程相互配合的问题,形成协同效应,推进学校思政课程与课程思政的融合发展。

二、"最美课堂"的成效评价

(一)评价方法

为有效促进学校课程思政"最美课堂"建设,北京财贸职业学院依托 2021 年教师教学能力比赛,专门制定了面向课程思政"最美课堂"的评价指标体系。

通过教学能力比赛的形式，有效促进了教师在课程思政建设上的意识、方法、能力的提升，形成了校内的良好氛围，为持续推进课程思政建设奠定了校内环境基础。2021年教师教学能力比赛暨课程思政"最美课堂"评选活动评价指标如表6-1所示。

表6-1　2021年教师教学能力比赛暨课程思政"最美课堂"评选活动评价指标

评价指标	评价内容	分值/分
教学设计	参赛材料准备充分，精心设计教学各个环节	10
	遵循学生认知规律，符合课内外教学实际	10
育人因素	具有良好的专业素养、科学精神、人文情怀和理论功底，善于提炼专业课程中蕴含的育人因素	15
挖掘转化	善于将思政教育和专业知识传授相融合，把思政教育巧妙渗透进教学全过程，做到"润物细无声"	15
教学方法	注重教学互动，突出学生主体地位，调动学生参与课堂的积极性	10
	能综合运用现代信息技术手段和数字资源，教学内容呈现恰当，满足学生学习需求，"包装时尚"	10
教学效果	注重思想理论教育和价值引领，让学生感觉"既营养丰富味道又好"	10
	教学感染力强，学生抬头听课率高，课堂氛围好	10
教师素养	教态大方，举止得体，精神饱满，教学投入； 思路清晰，逻辑严谨，综合素质高； 个人教学特色突出	10

（二）建设成效

经过对课程思政"最美课堂"的专项持续性建设，北京财贸职业学院在课程思政改革方面取得了良好成效，具体有以下表现。

1. 育人成效不断凸显，人才培养质量得到社会认可

浓厚的"京商文化"氛围不断熏陶学生的职业道德情操，提升了学生的综合素质，铸就了特色鲜明的"财贸素养"教育品牌。学生敢于创新，不断追求卓越，在全国职业院校技能大赛中获得一等奖1项、二等奖7项、三等奖14项，获奖总数名列全国前列，在北京市职业院校技能大赛中获得一等奖33项、二等奖45项、三等奖26项，获奖总数位居北京财经商贸类职业院校之首。学校毕业生的企业和社会认可度显著提高，就业率、起薪水平连续多年位居全国职业院校前列。

2. 三教改革不断深化，教师育人水平得到全面提升

在"诚实守信、爱岗敬业、精益求精"的北京商道精神的传承与指引下，学校教师的师德师风进一步提高，教书育人楷模纷纷涌现，拥有全国优秀教师、北京高校学术创新人才、长城学者等荣誉称号的教师有70余人，拥有国家级、市级职业教育教师教学创新团队15支。全校教师以课程思政为引领，不断深化三教改革，育人水平得到全面提升，在市级以上教师教学能力比赛、课程思政示范课程、教书育人"最美课堂"、青年教师教学竞赛中不断突破，近几年共获市级以上奖项41项，获奖教师共计150余人次。

3. 思政主线贯穿全程，三全育人体系进一步健全

以"京商文化"服务精神为内涵的思政主线自然融入了人才培养方案编制、课程标准制定、教材编审选用、教学资源建设等教学全过程，积累形成了系列课程思政建设示范成果，丰富了三全育人的内涵，进一步健全了适应职业类型教育的三全育人工作新体系，示范引领作用明显。

6.3 双重赋能的课程建设

为进一步加强学校课程建设，持续巩固学校历年来的课程改革及课程建设成果，北京财贸职业学院于2020年印发《关于中国服务、技术赋能、文化赋能课程建设的指导性意见》，以双重赋能的形式，通过对重点课程的持续强化建设，提升学校课程建设改革成效。

双重赋能课程建设以课题组研究的形式开展，分别设置中国服务课程建设课题组、技术赋能课程建设课题组、文化赋能课程建设课题组，三个课题组重点建设学校层面和专业群层面开设的课程。以此为引领，专业层面的课程在建设过程中原则上均需参考学校和专业群层面的建设方法及建设成果，融入以课程思政、专业文化为内涵的文化赋能内容，以及体现技术赋能的相关内容。

双重赋能课程建设累计立项建设课程 19 门，其中学校层面 10 门、专业群层面 9 门。根据类型来划分，中国服务课程 6 门、技术赋能课程 8 门、文化赋能课程 5 门。在建设过程中，双重赋能课程建设主要呈现出以下特点。

（1）系统化。各课题组统筹规划，与双高、特高课程相关建设任务紧密融合，扎实推进。

（2）特色化。立项建设课程充分利用北京特色资源，凸显中国服务、技术赋能和文化赋能的特征，并在课程内涵上体现北京财贸职业学院特色。

（3）一体化。将课程、教材、在线教学资源进行一体化配套建设，并实现建设和使用同步，在实践中不断完善，在教学中发挥实效。

6.4 扬长教育的课程设计

北京财贸职业学院开展以扬长教育为理念的教育供给侧结构性改革，聚焦学生的学业、就业、创业"三业"，实施"学业支持、三个课堂、专创融合"三维支撑的教学改革，并通过扬长教育学业指导方案、扬长教育课程体系、扬长教育教学体系、扬长教育学业导师队伍四个方面的建设，强化扬长教育理念在学校课程改革和课程创新方面的落实。

一、FVC 扬长教育学业指导方案

（1）大一，以适应大学生活为目标，实施"Freshman"计划。从招生开始，安排学习指导师根据职业倾向评估协助学生填报专业志愿。新生入学时，随即开设职业生涯规划课程，学校同时为学生指定学习指导师，调查与评估学生的学业和职业倾向。根据学生的个人需要与兴趣，学习指导师和学生共同制定个性化的学习方案，并进行学习方法的指导，使学生接受专业文化的熏陶，初步规划三年的学习活动。同时，在自我塑造、情绪管理、人际关系方面开展指导，从而使学

生学有目标、学有所获。

（2）大二，以适应专业学习为目标，实施"Vocation"计划。由学习指导师和专业导师合作，协助学生制定专业学习规划，设计"毕业路线图"，指导学生进行职业技能训练，掌握专业课程学习方法，学会时间管理，掌握技术工具（信息化工具、经营理财知识）。

（3）大三，以明确职业选择和生涯规划为目标，实施"Career"计划。开设就业指导课程，指导学生完善和全面实施职业生涯规划，协助学生安排实习、求职、就业，使学生明确实习目标，从而有选择地求职和就业，搭建适应个性的职业发展平台。

二、"路径通达"的扬长教育课程体系

（1）重构课程体系，提高公共基础课程、专业课程的可选性，提升选修课程的比例。将人文社科类、艺术鉴赏类、历史地理类课程纳入公共基础课程，建立必修+选修相结合的公共基础课程体系。开设跨专业、跨院系的专业选修课程，将专业选修课程占专业课程的比例提升到30%。

（2）建设学分置换和课程认证体系。开发建设包含慕课、跨院系课程、体艺特长课程等九大类课程，为常规课程和学分置换提供支持。同时，以"毕业路线图"信息化工具为依托，结合学分置换和课程认证标准，为学生进行个性化毕业路径设计提供平台。

三、"支持发展"的扬长教育教学体系

（一）创新教学组织

开设四类实验班（小组），实施分层教学、分类指导。

（1）开设学习能力专项突破班。包括阅读、写作、英语、沟通、学习工具

（如思维导图）班，根据学生的能力水平，设立帮扶班和培优班，让学有余力的学生纵深发展，让学习吃力的学生获得支持，服务学生终身学习。

（2）开设创新创业能力训练营。在学校创新创业教育整体设计下，通过创新创业能力训练营，推行项目教学，将短线课程与长线训练相结合，落实创新创业教育，促进项目孵化，培养实践创新能力，培育创业项目，助力学生成功。

（3）开设技能竞赛集训小组。针对学院、学校、市赛、国赛、世界级五级技能竞赛项目，选拔优秀学生，开展竞赛集训，实施竞赛项目课程化教学，培养技能拔尖的学生。

（4）开设实训室开放训练班。围绕学生的兴趣发展与优长培育，规划开设技能俱乐部、科研训练营、文创木作班（数字媒体、计算机辅助设计、精细木工、西点烘焙、咖啡调制、陶艺制作、创意油画、虚拟现实）三类实训室开放项目。

（二）改革学业评价

（1）推行以学习成效为导向的学业评价模式。为每个学生建立从入学到毕业五年内的学业档案，推动学习成果累积，通过记录学生的成长轨迹，深入了解各个学生的短板，从而有的放矢地为其提供相应的支持和辅导，证明学生能力达成。

（2）开展多元评价，关注学生的协作能力、创新精神及学习过程中的情感体验。在试点课程中开展个性化考核评价，如对读写能力强的学生采取笔试类考核，对动手能力强的学生采取实操类考核，对沟通能力强的学生采取演讲展示、情景表演类考核等。

（三）改革教学管理

（1）升级改造教务系统，支持课程替代、学分置换、跨院系选修等功能。试行3+N弹性学制，为学生创业、辅修专业创造条件。

（2）依托财贸智慧教育平台，建设"三个课堂"教学资源，创新课堂学习与课堂管理，推动课堂革命。

四、"双专"结构的扬长教育学业导师队伍

（1）按照1∶800的比例，培养一支专职的学习指导师队伍。学习指导师负责协助学生制订学习计划，规划学习生活，应对学业困难，指导就业创业。建立学习指导师每月定期与学生见面制度和不定期沟通机制，针对学生的个性差异，因材施教，充分挖掘与培养学生的技能特长，对学生的学习进度、学习方法进行指导，满足个性学习需要。

（2）按照1∶20的比例，建立一支由专业教师组成的兼职导师队伍。学校定期开展培训，以提升专业教师开展学业指导的业务能力。导师每学期与学生进行一次面谈，开展专业学习咨询、课程学习指导，帮助学生与企业建立联系，为学生挖掘实习、就业的机会。

6.5　研学结合的课程内容

一、研学结合课程的建设背景

为培养学生的自主学习能力和实践创新能力，继续深化教学改革，提高教学质量，走"内涵式"发展道路，北京财贸职业学院在2012年下半年启动了研学结合教学改革。在教务处的牵头带领下，经过立项申报、答辩评议确定发展了各系（院）部共9门课程为研学结合课程项目。研学结合的课堂，就是从学科领域或现实生活中选择和确定主题，在教学中创设类似学术研究的情境，让学生通过独立自主地开展发现问题、实验、操作、调查、收集与处理信息、表达与交流等探索活动来获取知识，着重培养学生的自主学习能力和实践创新能力，激发学生的学习兴趣和好奇心，特别是挖掘学生的探索精神。研学结合式的学习是一种积极的学习过程，是一种学生在课程学习中自己探索问题的学习方式。研学结合教学模式具有学生的主体性、教学过程的开放性、评价的综合性、教学手段的扩展性、教学组织形式的多样性等特征。

二、研学结合课程的实施成果

在研学结合课程的实施过程中，各负责教师均在教学思路、教学设计上有了新的突破。例如，"卖场营销策划"在课程改革的思路上实现了"四个转变"：一是课程载体转变，由讲授理论知识和模拟训练的案例向实际项目操作转变；二是授课方式转变，由讲授、模拟训练向动手操作转变，授课地点由教室转向商业经营场所，授课时间也需要转变为实际营业时间；三是考试方式转变，由试卷、报告得分向营业结果考核转变；四是学习方式与课堂主体转变，学习方式由接受式向发现式、研究式、问题解决式转变，课堂主体由教师向学生转变。

各研学结合课程经过一学期的实践，虽然遇到了设备设施有待改进、教学理念有待深化、对教师的支持有待加强等问题，但都取得了一定的成果，证明了研学结合课程的实施是有必要的，也是可行的。例如，"微观经济学"形成了微观经济学案例集，通过文献法收集了大量微观经济学的案例、故事等，并分章节、分内容进行整理，以后在准备课程时可以进行选择性的参考，同时完成了学生的实地调研报告、课堂实验相关成果等。再如，"连锁物流数据分析"确定了运用书本建模分析工具分析物美运营数据，作为未来信息物流系与天津物美企业的学术合作，还口头签订了信息物流系学生的研学、就业及课程实训协议，双方约定下次见面时签署正式的合作意向书。

三、研学结合课程的持续推进

为持续推进研学结合教学改革落实，扩大研学结合教学改革的研究与实践成果，在总结第一轮研学结合教学改革经验的基础上，北京财贸职业学院于2014年在课程改革、项目研究、创新人才培养三个方面继续开展研学结合综合改革。在本轮改革中，同时涵盖研学结合课程改革、研学结合项目研究和创新人才培养改革试点专业项目三类内容。在研学结合课程改革方面，主要延续第一轮改革的做法，并将课程范围拓展到全校所有系（院）部。在研学结合项目研究方面，以来自企业真实需要的调研类、方案设计类、流程设计类、产品或艺术作品设计制作类项目，教师结合自身科研方向确立的有一定专业学术意义和实践创新价值的科研类项目，技艺传承类项目，以及其他能够达到培养学生创新精神和实践创新能力目的的项目为主。在创新人才培养改革试点专业项目方面，以科研意识"渗透性"培养、科研能力"专门性"训练、"专业化"科研成果认定及推广平台建立为主。通过三类不同类型、不同侧重点的改革项目，全面深化和巩固学校研学结合教学改革所取得的良好成果。

6.6 贯通培养的课程体系

2012年，北京市启动了"3+2"中高职衔接的改革试验，作为北京市首批试点专业，北京财贸职业学院市场营销专业和北京市商业学校珠宝玉石加工与鉴定专业合作，开展了历时五年的"3+2"中高职衔接人才培养模式改革探索。

中高职衔接的市场营销（珠宝鉴定与营销）专业（北京财贸职业学院与北京市商业学校合作开展的"3+2"贯通培养项目中的高职阶段专业）因为特色突出，试验成效显著，2014年被北京市教委择优推荐为首批试点专业中的标杆专业，在北京教育科学研究院有关专家的带领下，开展专项研究，研制标准化的"3+2"中高职衔接专业教学方案和转段方案，出版了研究专著，多次应邀在北京市教委、高职院校同行中进行汇报交流，产生了良好的示范、辐射效应。

一、贯通培养的课程体系设计

中高职衔接中容易出现的问题是，基础类课程前后脱节，教学目标定位过高或过低，职业类课程重复设置或衔接错位，造成中职毕业后，学生的文化基础比较薄弱，在高职的学习感到吃力。同时，职业类课程前后衔接不到位或重复学习，降低了学生的学习兴趣，阻碍了学生对后续课程的持续深入学习。

第六章 因势利导的课程创新

北京财贸职业学院与北京市商业学校合作的市场营销（珠宝鉴定与营销）专业，通过文化基础课程、职业能力课程、职业核心能力课程、衔接课程和财贸素养课程的一体化设计，有效解决了上述问题。在课程体系构建上做到以下五点。

（1）五年统筹规划文化基础课程。在教学目标和内容安排上，中职阶段的学习注重并加强基础素质教育，为学生打好必要的文化基础，不满足于中职后即就业的"必需、够用"；高职阶段开设理论提升及突出为"专业服务"的应用性通识课程，同时注意中高职知识点的有机融合，加强职业素养教育。

（2）分阶段支撑职业能力课程。以技能训练和技术应用能力培养为主线，将专业基础课程和专业技术课程有机结合，分阶段支撑职业能力课程。

（3）阶梯递进式设置职业核心能力课程。按照职业类课程开发的一般规律和技术，通过分析职业岗位、典型工作任务、职业核心能力，进行将能力要求转化成课程的教学设计：中职课程重珠宝基础知识、鉴定和零售技能训练，强应用，给学生灌输初步的职业概念；高职课程重实践，强创新，培养市场开发和营销策划能力，鼓励学生在真实或模拟的工作场景中发挥主观能动性和实践性。

（4）序化设置衔接课程。将人才培养方案中的"珠宝首饰销售""珠宝首饰营业员综合实训"作为衔接课程（模块），分别在两个学段开设，从而保证课程教学目标的延续性。"珠宝首饰销售"课程（模块）包含"珠宝首饰推销""卖场布局与陈列""珠宝首饰销售管理"三门课程，其中"珠宝首饰推销"于中职阶段第四学期开设，"卖场布局与陈列"分别于中职阶段第五学期和高职阶段第八学期开设，"珠宝首饰销售管理"于高职阶段第八学期开设。"珠宝首饰营业员综合实训"则分别于中职阶段第五学期和高职阶段第九学期开设。

衔接课程使用统一课程标准，两校统筹规划设计教学内容，确定科学合理的教学顺序和实施路线，合理区分各自的课程范围，既避免课程内容的重复，又拓宽和加深了课程内容，实现课程内容衔接的连续性、逻辑性和整合性。

（5）财贸素养课程贯穿始终。中职阶段除开设北京市商业学校传统的职业素养课程外，还将北京财贸职业学院的财贸素养课程前置两个板块，使素养教育不断线。

二、贯通培养项目的实施效果

（1）确定复合型技能人才的培养定位，巧妙化解中高职学校由于专业设置差异导致的专业衔接错位问题。中高职学校专业设置宽窄不一，口径错位，不利于专业之间的衔接。通过行业调研，发现珠宝零售企业急需既懂珠宝又善营销策划的专业人才。通过专业分析，北京市商业学校的珠宝玉石加工与鉴定专业注重对学生珠宝玉石鉴定、加工能力的训练，实训条件完善，技能训练优势突出；北京财贸职业学院的市场营销专业精于学生营销与策划能力的培养，兼顾珠宝知识与鉴定技能的训练。通过中高职衔接合作，能够将两所学校两个专业的优势互补，面向珠宝首饰行业培养市场营销专业复合型技能人才，既解决了高职市场营销专业缺乏行业依托的困境，又形成了中高职衔接专业的人才培养特色。

（2）人才培养目标坚持连贯性与阶段性相统一，解决了中高职衔接容易出现的培养目标不匹配问题。北京财贸职业学院与北京市商业学校合作的市场营销（珠宝鉴定与营销）专业，融通中高职在人才培养层次上的差异，设置人才培养总目标——培养掌握珠宝首饰专业基础知识，具有珠宝首饰零售行业市场营销、管理、策划、开发能力的复合型技能人才。区分阶段性目标——中职阶段重点培养珠宝首饰行业从业人员的职业基础能力，达到珠宝零售企业、珠宝检测机构、首饰加工厂等企业一线销售、加工与鉴定岗位的能力要求，高职阶段重点培养珠宝首饰行业从业人员的客户服务、营销策划能力，达到珠宝首饰售后服务、客户服务、营销策划、基层管理岗位的能力要求。阶段性目标和总目标是由基础到综合，由简单操作到策划管理的关系，既有主线，又分清了层次，实现中高职培养目标上的合理衔接。

第七章

创新争先的三教改革

7.1 打造教师教学创新团队

2019年8月,《教育部关于公布首批国家级职业教育教师教学创新团队立项建设单位和培育建设单位名单的通知》发布,北京财贸职业学院现代物流管理专业教学团队入选首批国家级职业教育教师教学创新团队。以此为契机,学校着力开展了以国家级职业教育教师教学创新团队为引领的校内教师队伍建设。在建设过程中,国家级职业教育教师教学创新团队围绕物流与供应链领域,探索产教深度融合的现代学徒制校企双元协同育人模式,深化"胡格模式"教学实践,育人体系探索和教学模式改革并行,在师资队伍建设、课程思政改革、模块化教学、协作共同体等方面多措并举,形成系列团队建设成果,助力培养京商文化、财贸素养引领的"懂智能技术、会经营管理"的高素质复合型技术技能人才。

一、教师教学创新团队的建设措施

(1)深耕现代学徒制,校企合作"双导师"共育人才。校企共建四阶段、四岗位、四角色、五板块、六融合"五位一体"人才培养体系。实行"工学交替、交互训教"的教学模式,人才培养方案设计完成三年内认岗、跟岗、轮岗和定岗培养的教学流程安排。结合企业真实的工作任务,构建学徒制课程体系,职业理论模块重点参考胡格培训素材,职业实践模块参考企业实际。

(2)创新实施北京"胡格模式",团队课程研发能力再上新高。以胡格培训素材为基础,将胡格非专业能力培养与立德树人相结合,将十大学习领域的学习情境重构设计,实现岗位综合职业能力和非专业能力培养目标。在胡格教学法的基础上开展多样化课程思政探究式学习,充分发挥学生的积极性、主动性。转变考评机制,注重学生沟通能力、团队意识、责任意识、工作流程标准化等非专业能力的考核。

（3）创新引领，以赛促学，专创新型教师队伍形成合力。依托"国际青年创新创业技能大赛"平台，探索实施国际化课程体系建设；构建"课—创—赛—孵—战"五维实践体系，实施双创教育与专业理论课程、实践创新课程、财贸素养课程"三融合"，搭建实践项目、双创竞赛、社团活动"三平台"。

二、校内教师队伍的强化建设

为促进校内教师队伍建设水平的不断提升，北京财贸职业学院以国家级职业教育教师教学创新团队建设为契机和引领，先后发布《北京财贸职业学院教学名师评选办法（修订）》《北京财贸职业学院青年教师培养导师制管理办法》《北京财贸职业学院教师职业道德规范》等政策文件，通过评选校内教学名师、为新入职教师配备导师等措施，努力营造校内教师队伍建设的良好氛围，建设"有理想信念、有道德情操、有扎实学识、有仁爱之心"的教师队伍，提升教师的教育教学能力、专业实践能力和教改科研水平。同时，通过发布教师职业道德规范，对教师的思想政治素质、职业操守和个人品行提出基本要求，为教师提供价值导向并对其进行行为约束，切实加强师德师风建设，引导广大教师自觉践行社会主义核心价值观，争做"四有"好老师和"四个引路人"。

7.2　校企共育全国优秀教材

2019 年，教育部发布《职业院校教材管理办法》，其中第四章"教材编写"明确指出："专业课程教材要充分反映产业发展最新进展，对接科技发展趋势和市场需求，及时吸收比较成熟的新技术、新工艺、新规范等。"

在职业院校深化校企合作的大趋势下，北京财贸职业学院紧跟行业发展，校企合作开发新型融媒体教材。立信会计学院联合企业开发的《会计综合实训》（第四版）荣获国家"全国优秀教材"职业教育与继续教育类一等奖。该教材聚焦财税改革新政策，反映会计技术发展新趋势，融入职业道德教育，引入企业典型工作任务，构建了情境真实、业务综合、过程完整的会计教学项目，突出"业财税"一体化，是涵盖丰富教学资源的项目式教材，其设计思路和开发方法为优秀教材的编写提供了重要参考和借鉴。

一、校企共育全国优秀教材的建设思路

（一）坚守职业行为准则，担好立德树人使命

将教材自然融入社会主义核心价值观教育、职业态度责任感道德教育，坚持将"诚信为本、操守为重"的职业行为准则贯穿始终，规范会计人员的态度和价值观，担好立德树人使命。教材还应注重培养学生对业票财税的综合处理能力、在企业内控制度要求下的协同工作能力、应用新一代信息技术的能力，以及在实际会计职业环境中解决新问题的创新能力。

（二）紧跟时代前沿，基于会计工作过程建设模块化课程

教材应及时反映会计领域产业升级的新经济、新技术、新业态、新制度，基于会计工作过程建设模块化课程，选择典型的现代企业案例，强化新一代信息技术应用，实现业票财税一体化和数字化。

（三）成果导向设计教材内容，符合高职人才培养规格的要求

采用成果导向的教学设计课程开发模式，明确学习目标和任务，制定详细的学习成果考核指标和方法，使学生创新性地解决会计工作的实际问题，符合高职人才培养规格的要求。

（四）打造新型立体化教材，符合新时代学生的学习特点

按照新时代的要求，探索打造新型立体化教材，在开发纸质教材的基础上，配套开发信息化资源，符合新时代学生的学习特点，有利于激发学生的学习兴趣，提高学生的学习质量。

二、智慧财经新型教材的开发路径

（一）组建校企双元开发团队，校企合作开发教材

组建校企双元开发团队，由学校一线教学名师牵头担任主编，由知名企业经验丰富的专家担任主创，多所学校和企业的专业骨干分工协作。

（二）对接职业标准和教学标准，落实"岗课赛证"综合育人

贯彻国家有关法规制度，依据国家职业标准、有关岗位能力标准、职业教育国家教学标准、实训课程标准，对接智能财税等级证书考点、智能财税竞赛赛点，"岗课赛证"融合开发教材内容，提升教材质量。

（三）制订详细计划，强化开发过程的项目管理

在教材开发过程中要为纸质教材编写详细的大纲，制订具体的进度计划，还要为数字教材制订资源配置计划。按照课程建设项目开发的管理方法严格进行全过程管理，做好完善的开发规范，挑选优秀的参考事例。

（四）与时俱进更新教材内容，适应多样化的人才培养需求

教材内容应与时俱进，树立服务于现代职业教育体系建设的理念，突出职业教育的类型特点，随信息技术发展和产业升级情况动态更新教材知识内容、结构，以反映产业、行业、企业的最新技术、工艺和规范，从而适应当今社会对技术技能人才多样化的培养需求。

三、教材建设与应用的常态化管理

除进行优秀教材建设外，北京财贸职业学院还重视常规教材的日常管理与建设。在教材管理方面，学校发布《北京财贸职业学院教材管理办法（试行）》，从组织领导、教材选用、教材建设三个方面对学校各专业教材建设进行行为约束。在教材开发方面，2021年，学校开展教材建设项目，印发《关于开展2021年教

材建设项目立项工作的通知》，以项目建设的形式支持和鼓励学校教师积极参与校本教材建设，深度推进校企双元共建，为提高学校的教学质量，培养高素质复合型技术技能人才提供有力支持。

7.3 推动教师教学能力比赛

为适应"互联网+职业教育"的发展需求，坚持"以赛促教、以赛促研、以赛促建、以赛促改"的总体思路，促进教师综合素质、专业化水平和创新能力全面提升，打造高水平、结构化教学团队，北京财贸职业学院深入实施"教师教学能力提升计划"，并于2016年、2022年两次开展"财贸好课堂"评选活动。两次评选均以校内竞赛的形式开展，旨在持续推进"三全育人"，深化"课程思政"建设，积极探索"岗课赛证"融合育人模式，创新发展线上线下混合式教学模式，持续深化教师、教材、教法"三教改革"，提高教师的师德践行能力、专业教学能力、综合育人能力和自主发展能力，推动示范性教学，促进"能说会做"的"双师型"教师成长。

一、教师教学能力提升专项行动

2020年，北京财贸职业学院印发《教师教学能力提升计划》，以专项行动的形式提升教师的教学能力。《教师教学能力提升计划》以院级、校级、市级、国家级各级教师教学能力比赛为依托，校级比赛每年由学校教务处发布《教师教学能力比赛实施方案》，明确活动目标、内容形式、比赛程序等，重点考察教学团队完成教学设计、实施课堂教学、达成评价目标、进行反思改进的能力。团队须选择一门课程，提交专业人才培养方案，开发课程标准，撰写课程实施报告，设计教案，提供规定学时的教学视频，建设网络教学资源，并进行现场说课与教学展示。

在组织保障方面，学校成立校级和院级"教师教学能力提升计划领导小组"。校级领导小组由院长任组长，分管教学工作的校级领导、分管人事工作的校级领导任副组长，教务处处长、二级学院院长、信息化与教育技术中心主任、教学督导与评价中心主任、教师工作部负责人、人事处负责人等为成员，相关职能部门负责推动该计划的组织与实施。各二级学院成立院级"教师教学能力提升计划领导小组"，依据学校实施办法制定院级实施方案，组织院级比赛及相关活动。

学校对参加校赛、市赛和国赛的教学团队根据获奖级别核算工作量并给予奖励。核算学时均纳入教师正常工作量。获市赛一等奖及以上奖项的教师，在职称评审时达到基本评审条件的，获得直接晋升职称的资格，并在推优评先时予以优先考虑。校级领导小组每年评选"教师教学能力提升计划最佳组织单位"，并将各二级学院组织教师教学能力比赛的工作业绩、奖项等纳入二级学院的年终考核。

二、"财贸好课堂"专项比赛

北京财贸职业学院于 2016 年、2022 年两次组织举办"财贸好课堂"专项比赛，以期促进教师综合素质、专业化水平和创新能力全面提升。

比赛由各二级学院按照相关要求组建团队，组织院赛，选拔并推荐校赛参赛团队。校赛采取现场比赛的方式进行，现场展示分为教学实施报告讲解、现场教学展示两部分。在校赛比赛成绩的基础上，学校结合北京市教师教学能力比赛的相关要求，推荐优秀团队或跨学院组合团队参加市赛。

比赛重点考察教学团队（2~4 人）针对某门课程中部分教学内容完成教学设计、实施课堂教学、达成评价目标、进行反思改进的能力。参赛作品材料包括实际使用的教案、教学实施报告，另附参赛作品所依据的实际使用的专业人才培养方案和课程标准；教学内容要符合职业教育国家教学标准中的有关要求；教材的选用和使用必须遵照《职业院校教材管理办法》等文件的规定和要求。

7.4 混合式教学改革的课堂革命

为更新教育教学观念，推进教育信息化环境下以翻转课堂为主导的课堂教学方法和教学模式改革，鼓励教师充分利用网络在线平台的教学资源，促进课堂互动，探索互联网技术支持下的线上线下混合式教学课程建设，北京财贸职业学院从2019年开始系统推进混合式教学改革，先后有100门左右课程、100位以上教师参与改革。

一、混合式教学的类型

学校鼓励推行的混合式教学，是将传统课堂教学与在线学习相结合的一种教学模式，学生在线自主学习网络教学资源，教师跟踪、监控、辅导，师生回到课堂上通过讨论、协作、问题解决、展示等教学环节，实现知识建构、应用、迁移等内化过程。根据课堂翻转的程度和比例，混合式教学大体可以划分为以下三类。

（1）以学生在线自主学习（在线教学）为主，以课堂教学为补充的翻转课堂模式。

（2）课堂教学与在线教学均衡结合的教学模式。

（3）以课堂教学为主，以在线教学为补充的教学模式。

二、混合式教学改革的范围

各专业教学计划中的必修课和选修课，凡建设了配套网络教学资源的课程或网络课程，均可申请开展混合式教学。包括学校教师自主建设了教学资源并配套了微课的在线课程，学校教师在学校认可的第三方在线课程平台上建设并公开授课的慕课或网络课程，以及由校外机构建设在第三方在线课程平台上的慕课，经二级学院和教务处共同认定，课程质量高，教学内容与标准符合学校人才培养的要求，且该课程已列入学校教学计划，均可申请在该门慕课资源基础上开展混合式教学。

三、教学实施与管理

（一）教学方案与授课计划

凡申请开展混合式教学的课程，须提前一个学期进行教学方案设计，制订授课计划，准备至少 1/3 学时的课程教案，明确课堂教学和在线学习的时间、内容、教学环节安排。授课的进程安排，可以是在线教学与课堂教学隔周交替安排，也可以是分段交替安排。凡在授课计划中明确为线上授课的教学时段，排课时不再安排教室，由学生利用校园网络或电子阅览室进行自主学习。

（二）教学方法与组织

混合式教学课程应把案例式、项目式、启发式、研讨式等多种教学方法固定为课堂教学的新常态，在课堂上以翻转课堂的形式，组织学生进行小组协作作业、操练、讨论、答疑、成果展示等。在开展在线教学的时间内，教师须进行在线答疑和辅导，其余答疑时间由师生共同商讨、安排。教师应定期布置线上学习任务，并通过测验题、作业、作品展示、讨论、学习总结等环节实时监控学生的学习进展，帮助学生建立线上学习档案，安排在线答疑，加强对学生在线学习的管理。

（三）课程考核与成绩评定

开展混合式教学的课程应注重过程管理，加强课程考核与成绩评定方式的改革。根据课程性质和教学改革力度，平时成绩的比例可占学期总成绩的 40%～70%。

(四)工作量核定与激励

(1)利用授课教师自己开发建设的网络课程和资源开展混合式教学的课程,试行期间开展线上教学的学时原则上不超过该课程总学时的 40%,课程教学质量综合评价合格后,按该课程总学时的 1.3 倍核算教师工作量。

(2)借助校外公开平台的慕课资源开展混合式教学的课程,试行期间开展线上教学的学时原则上不超过该课程总学时的 20%,按该课程原学时核算教师工作量。

(3)主讲教师可申请选聘一名学习成绩优异的学生作为助教,配合主讲教师进行课程管理,如教学资源维护与上传、辅助答疑等。学校将根据学生的实际工作量支付劳务费。

(五)教学质量监控

混合式教学的课程开始后,教学督导与评价中心随时跟踪检查与督导,出台混合式教学课程评价标准和办法。开展期中检查和结课检查,综合分析课程教学质量,包括:

(1)教学评价:根据学生反馈、专家评价、教师教学情况和学校意见等综合评价教学效果。

(2)受益分析:通过主讲教师汇总的学生学习成果,以及学生评教、课堂教学情况调查表等综合反映学生的受益程度。

(3)教学特色:借助网络平台教学记录、教师课程总结和教学观摩活动等评价课程的建设特色。

混合式教学课程的教学效果评价纳入教学质量综合评价,综合评价结果不合格的课程,继续建设,两学年后可重新申报实施混合式教学。

第八章
产教融合的双元育人

职业教育作为一种类型教育，在专业设置、人才培养、课程选育上与高等教育有着一定的区别。职业教育所具有的典型职业性特征使其与普通高等教育的本质不同，也注定其必须根据产业发展形态、劳动就业市场情况对技术技能人才的需求来动态调整自身的人才培养方法。而产教融合、校企合作的双元育人模式是目前职业教育普遍使用的方法，更是实现高质量人才培养的重要主线。

2019 年，《国家职业教育改革实施方案》明确提出要推进高等职业教育高质量发展，推动校企全面加强深度合作，促进产教融合校企"双元"育人。2020 年，《中共中央关于制定国民经济和社会发展第十四个五年规划和二〇三五年远景目标的建议》提出要"加大人力资本投入，增强职业技术教育适应性，深化职普融通、产教融合、校企合作，探索中国特色学徒制，大力培养技术技能人才"，以上都对学校的人才培养提出了新的要求。职业教育正进入提质培优、增值赋能的新发展阶段。

北京财贸职业学院常年来不断探索产教融合模式及校企合作方法，在职业教育人才培养上获得了一定具有推广性的经验。北京财贸职业学院将多年来的人才培养经验精炼为"两种模式，一个建设"，以此深度对接产教融合，高效实践双元育人。"两种模式，一个建设"可简要概括为："三联合、三对接、三融通"的校企双元育人，"一个平台、三端发力、四种模式"的校企协同育人，"智能化、共享型、体验性"的实训基地建设。

8.1 "三联合、三对接、三融通"的校企双元育人

北京财贸职业学院作为地处北京城市副中心的职业院校，跟随城市副中心的发展态势，大力推进双高校建设，在职业教育新发展格局下构建了"三联合、三对接、三融通"的校企双元育人体系，以求深化产教融合、校企合作，提升学校

的办学品质，提高人才培养质量，通过打造北京市现代服务业技术技能人才培养高地，为区域培养新型高素质复合型技术技能人才。

一、"三联合、三对接、三融通"的内涵

在职业教育进入提质培优、增值赋能的新发展阶段背景下，北京财贸职业学院基于自身发展现状，提出了"三联合、三对接、三融通"的校企双元育人体系（以下简称"三三三"校企双元育人体系）。其内涵可理解为，在学校建设中国特色高水平高职院校的战略目标指引下，立足首都"四个中心"和京津冀协同发展战略，对标"中国服务"标准，聚焦北京市现代服务业产业升级催生的智慧财经、智能零售、文化旅游等新业态发展需求，以服务北京城市副中心建设为重点，而构建的人才培养体系。

二、"三联合、三对接、三融通"的目标

通过建立"三三三"校企双元育人体系，北京财贸职业学院希望实现以下建设目标：搭建产教深度融合、校企全程合作的人才培养机制；创新人才培养模式与教学模式；培养理想信念坚定，德智体美劳全面发展，适应数字经济发展要求，具有"家国情怀、职业素养、工匠精神"的高素质复合型技术技能财贸人才；为国家职业教育发展提供新经验、新路径。

目前，北京财贸职业学院所有专业已经全部纳入"三三三"校企双元育人体系的改革路径，学校应届毕业生就业率在同类院校中始终保持领先地位。其中，有相当比例的应届毕业生在行业领军企业或新技术岗位就业，用人单位满意度常年保持在95%以上。

三、"三联合、三对接、三融通"的具体做法

北京财贸职业学院以"坚持立德树人、突出类型特征、彰显办学品质"为指

导思想，开展"三三三"校企双元育人体系改革。"坚持立德树人"是教育的根本任务，"三三三"校企双元育人体系改革要以习近平新时代中国特色社会主义思想为指导，全面贯彻党的教育方针，落实立德树人根本任务；"突出类型特征"是职业教育的类型特色，实现"三三三"校企双元育人体系须提高人才培养的开放性、灵活性、跨界性，立足产业链，联合政、行、企，共同培养高素质复合型技术技能人才；"彰显办学品质"是北京财贸职业学院服务北京市现代服务业发展的基本路径，"三三三"校企双元育人体系将以实现学生高质量就业和可持续发展为目标，围绕中国特色高水平高职院校的建设举措与改革任务，坚持高标准、精品化的人才培养定位，不断提升办学品质。这一指导思想是开展"三三三"校企双元育人体系改革的基石。

"三三三"校企双元育人体系的主体架构是落实改革的主要任务、具体措施及相关机制。

（一）三联合

"三联合"即政府、企业（行业）、学校三位一体，联合共育人才的机制。为建立并成功运行这一机制，北京财贸职业学院在校级层面成立了"三三三"校企双元育人体系改革工作领导小组，通过建立工作平台及组织协调机制推进学校与政府、企业间的共同育人机制，在学院及专业（群）层面成立相关工作小组，并依托二级学院专业建设与教学指导委员会，汇聚企业资源，推进培养机制变革，组织与协调专业调研、专业设置、课程建设、校企双主体开展人才培养的各项工作。

其中，工作平台基于北京商贸职业教育集团建立，并以该集团为纽带深化集团成员的合作，汇集集团内政府机构、行业组织、企（事）业单位、研究机构、社会组织等单位的优质资源，为"三三三"校企双元育人体系提供开展人才共育、资源共享的工作平台。

组织协调机制通过学校专业（群）建设与教学指导委员会推进、落实，该委员会也是"三三三"校企双元育人体系的工作主体，负责指导、协调各专业群及相关二级学院建立与政府、行业、企业的合作机制，加强专业与产业的对接，开展课程建设与教学改革，探索校企双元育人的创新模式，提高人才培养质量。

（二）三对接

"三对接"即在"三联合"机制下实现：专业设置与产业发展相对接；课程设置与职业岗位、职业技能标准相对接；教学过程与企业生产过程相对接。这也是该育人体系最重要的主干部分，它的主要任务及具体措施如下。

1. 专业设置与产业发展相对接

（1）开展人才需求调研与企业、专业契合度分析。联合北京城市副中心管理委员会、北京市商业联合会和行业领军企业，契合北京市和北京城市副中心高端商务、金融创新、文化旅游等产业的高端发展，利用大数据分析技术，开展北京市现代服务业技术技能人才需求调研。在北京商贸职业教育集团定期发布北京市现代服务业技术技能人才需求调研报告，为学校和北京商贸职业教育集团内职业院校的专业设置、人才培养提供产业发展需求层面的依据，为城市副中心的职业教育发展提供决策参考。

（2）开展专业"六度"核心竞争力评价，完善专业动态调整机制，研制专业"六度"核心竞争力评价体系。健全并完善以"产业契合度、技术跟随度、城教融合度、校企协同度、国际对接度、利益方满意度"六个维度为核心的专业"六度"核心竞争力评价方案。

（3）实施专业评估和动态调整。从 2021 年开始，每三年完成一轮专业"六度"核心竞争力评价。根据评价结果，进行专业预警与专业设置的动态调整，建立"培优汰劣"的专业群建设与管理机制，以适应经济结构调整和产业升级，提高专业与产业的匹配度，做到专业设置与产业发展相对接。

2. 课程设置与职业岗位、职业技能标准相对接

（1）开展职业能力分析。利用职业能力分析工具和方法，以双高专业群为主体，辐射带动各专业开展以能力为导向的职业与岗位分析，编写专业群典型职业岗位群及职业能力分析报告，确定岗位职业能力标准。

（2）开发培养方案与课程。依据职业能力分析结果，修订、完善人才培养方案，联合行业、企业深度参与课程标准开发和相关教材编写工作，建成"两平台（公共基础平台课和职业平台课）、一核心（职业核心能力课）、双进阶（专业进阶课和扬长进阶课）"的课程体系，加快课程教学内容迭代，推动课程内容与行业标准、生产流程等产业需求相对接。

3. 教学过程与企业生产过程相对接

该模块要求全校各二级学院、各专业在产学研办公室的指导下，遴选合作企业，包括北京市现代服务业领域内的行业领军企业、北京商贸职业教育集团内的战略合作企业、城市副中心重点园区的重点企业、其他在新技术与新业态等方面代表行业发展新趋势的中小和创业企业等。全校各专业须从以下五种模式中开展至少一种校企双元育人的改革项目，制定专业（群）校企双元育人实施方案，形成典型模式与育人成果，探索人才培养新途径，构建育人新格局。

（1）现代学徒制。总结物流管理、金融管理等专业的现代学徒制试点项目经验，开展招生即招工、校企全程合作育人的现代学徒制培养模式，鼓励各二级学院、各专业与合作企业共建人才学院和产业学院，促进学生高质量、高对口率就业，逐步实现学校50%以上专业开展不同形式的现代学徒制培养。

（2）产业学院（工程师学院）。对接区域产业链，联合世界500强或行业领军企业组建特色产业学院（工程师学院），将产教融合、校企合作做深做实，推动校企形成战略协同、组织衔接、内容共建、利益共享的共同体。校企共同建设高水平专业，共同开发课程标准，共同打造师资团队，共同设立研发中心，共同

开发职业技能等级证书，共同开展创新创业教育，共同开展职业培训，推动人才链与产业链的精准对接，实现学校人才培养再升级，探索中国特色校企双元育人的财贸模式。

（3）订单班。立足产业发展急需的专业人才培养，在政府的推动下，与有关企业开展订单班人才培养，使学生在培养进程的适宜阶段通过自愿选择或选拔的形式进入各种订单班、人才储备班。订单班实行联合备课、联合教学、定向实习、对口就业的模式。

（4）企业课堂。为及时将企业新技术、新业务模式、新规范搬到课堂，学校鼓励各专业以专业核心课程为主，开展企业课堂的教学模式，通过校企联合组织教学活动，将课堂搬到企业，让学生在企业真实的工作场景中，通过"做中学""学中做"，锻炼真实的业务操作能力，感受企业文化和发展理念，提升专业技能和职业素养，实现教学过程与企业生产过程相对接。企业一般以工学交替的形式开展企业课堂。

（5）学习工场（大师工作室）。鼓励各专业筛选优质企业进入学校，在校内承接企业真实业务和项目任务，校企共建集实践教学、社会培训、企业真实生产和社会技术服务为一体的场景化、共享型产教融合实训基地，开展财经商贸专业的生产性实训项目，如企业财税业务代办工厂、金牌店长实战营等，用真实项目、任务驱动教学，让学生在学习的同时参与生产，在实战中提高专业技能与职业素养。

（三）三融通

"三融通"即推进"岗课赛证"一体化设计，实现岗位与课程、职业技能竞赛、证书的有效融通。具体做法如下。

（1）推进课赛融通。开发与赛项相应的教材，完善课程标准、课程内容，将职业技能竞赛成果转化为教学资源，将部分学生的受训成果转化为大众化的教学资源，将赛项任务转化为教学项目、赛项标准转化为教学标准、赛项评价转化为教学评价，真正实现以赛促教、以赛促学、以赛促改。

（2）促进书证融通。全面实施1+X证书制度改革。全校各专业全面参与1+X证书制度改革，每个专业均有1个以上融入新技术、新业态、新模式、新产品等关键要素的X证书制度试点项目，积极探索课程置换、学分置换、实训实习、实践置入等"1"与"X"有机融合的灵活形式，将新规范与新职业等变化性强、补充性鲜明的X证书融入双进阶课程群，提高人才培养的复合度，实现与国家学分银行的有机衔接。

8.2 "一个平台、三端发力、四种模式"的校企协同育人

多年来，北京财贸职业学院探索并开展了多种形式的校企合作方式，有力推动了职业教育校企双元育人模式的建立和完善。但是校企双元育人始终停留在短期的项目制阶段，校企合作的深入程度不够，产教融合的层次有限，没有建立起校企协同育人的完整体系。为贯彻落实国家职业教育改革要求，北京财贸职业学院充分发挥北京商贸职业教育集团的平台优势及学校的区位优势，积极寻求政府机构的支持，主动服务城市副中心建设，联合行业领军企业和城市副中心重点园区的重点企业共育人才，探索出了一条"一个平台、三端发力、四种模式"的校企协同育人之路。

一、"一个平台、三端发力、四种模式"的释义

北京财贸职业学院立足首都"四个中心"和京津冀协同发展战略，聚焦北京市现代服务业产业升级催生的智慧财经、智能零售、文化旅游等新业态发展需求，依托北京商贸职业教育集团，聚合政府、企业（行业）和学校三方优质资源，探索现代学徒制、企业课堂、订单班、"引企入校"四种校企协同育人模

式，通过建立"一个平台、三端发力、四种模式"的校企协同育人模式实现学生就业竞争力和学校办学适应性的同步提升。

"一个平台" 即以北京商贸职业教育集团为依托，搭建人才培养模式改革资源平台。作为教育部首批示范性职业教育集团建设单位，北京商贸职业教育集团汇集了高职、中职、本科院校、行业组织、企（事）业单位、研究机构和社会组织等123家成员单位，按照共同参与、共同建设、共同受益的"三共同"运行模式，在产教融合、校企合作、社会服务、师资建设、学分互认等领域开展合作，为北京商贸职业教育集团内的院校提供人才培养模式改革所需的政府、行业与企业资源。

"三端发力" 即政、企、校三端形成合力。北京财贸职业学院作为服务北京市现代服务业发展的职业院校"排头兵"和位于北京城市副中心内的唯一一所商科类高职院校，充分发挥区位优势，在北京市教育委员会、北京市商务局、北京市通州区人民政府、北京城市副中心管理委员会的支持下，主动服务城市副中心"两区"建设试点，开办的双高专业群紧密契合北京市现代服务业和城市副中心高端商务、金融创新、文化旅游等产业。学校与首旅集团、菜市口百货、民生银行等行业领军企业和城市副中心重点园区的重点企业，如环球影城、邮储银行、希尔顿酒店等开展人才共育，实现政、企、校三端共同发力，支持学校人才培养模式改革与专业建设升级。

"四种模式" 即试点现代学徒制，实现校企全程全面合作育人；实施企业课堂，用企业真实工作场景提高实践教学成效；组建订单班，满足大型企业长期或阶段性的人才储备需求；开展"引企入校"实训项目，在真刀实枪中锻炼工作能力。

北京财贸职业学院坚守职业教育的类型特征，通过建立"一个平台、三端发力、四种模式"的校企协同育人模式，探索了人才培养新途径，构建了育人新格局，让每个专业都有校企协同育人的实施方案。

二、"四种模式"的主要做法及实例

（一）试点现代学徒制，实现校企全程全面合作育人

针对用人需求比较集中、长期和稳定的战略合作企业，采用现代学徒制模式开展校企协同育人。

作为教育部首批现代学徒制试点单位，学校与安信捷达物流有限公司、人银金融信息服务（北京）有限公司等企业合作开展了物流管理、金融管理等专业的现代学徒制试点工作。主要做法是招生招工一体化，学生拥有学生、学徒双重身份及在岗权益，校企合作开发与修订专业教学标准和人才培养方案，组建双导师团队，实施岗位培养，共同构建工学交替的教学模式。

金融管理专业创新构建了学校、第三方公司及若干家金融机构网点相互衔接的"1+1+N"金融管理专业现代学徒培养模式和运行机制，破解了金融管理专业不能直接与金融机构签订三方协议，实施现代学徒制人才培养的难题。

现代学徒制人才培养工作思路图如图 8-1 所示。

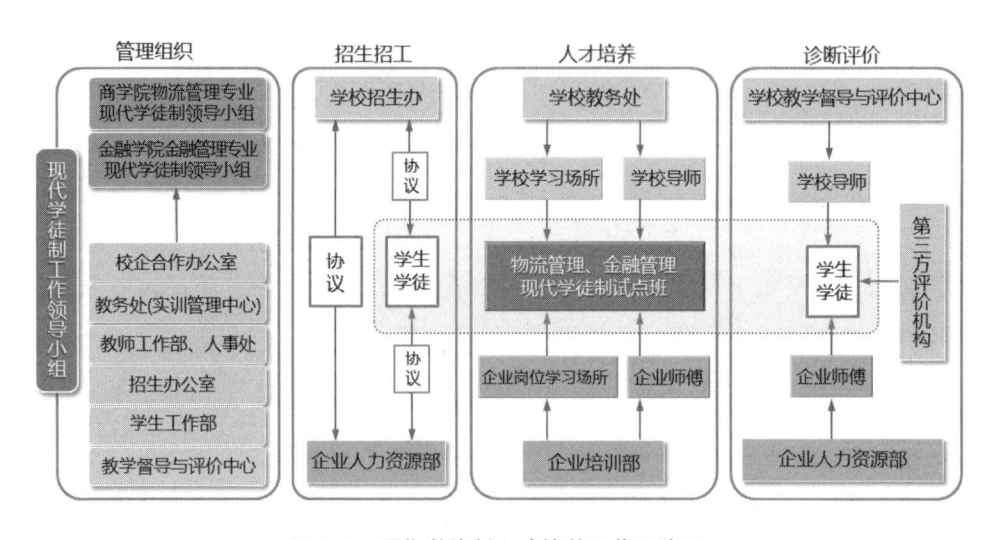

图 8-1 现代学徒制人才培养工作思路图

（二）实施企业课堂，用企业真实工作场景提高实践教学成效

由于新技术、新标准、新场景应用广泛、升级速度快，学校很难及时更新实训设备，开展实训项目。因此，北京财贸职业学院通过开展企业课堂的形式，运用企业真实的工作场景，提高实践教学的成效。

主要企业课堂如下。

（1）沃尔玛企业课堂。北京财贸职业学院与世界 500 强企业沃尔玛合作，在以沃尔玛零售大学和沃课堂为基础的全渠道新零售时代精英培养体系下，企业课堂结合学校专业课程，以"岗位实习+当周小结+理论培训"的模式进行实践教学，学生可获得首批沃尔玛校企双课堂"未来伙伴—零售体验特训营"结业证书。

（2）中装金英企业课堂。学校与中装金英教育科技（北京）有限公司合作构建了"1+1+N"企业课堂人才培养模式，即"院校+建筑行业协会、政府组织或教育机构+'行业+领先企业群'产教融合生态圈"。校企共同制定人才培养方案，重构专业课程体系，共同开发专业核心课程，将行业新技术、新工艺、新规范纳入教学标准和教学内容，共同完成对学生专业核心课程的技能训练、实践考核和学业评价，使学生的综合素质和职业能力得到明显提升。

（3）新道训练营。学校与新道科技股份有限公司联合打造了"智慧零售金牌店长特训营"和"财务共享特训营"。在"智慧零售金牌店长特训营"中，学生体验智慧门店经营的实操、实训，提高新零售综合技术技能水平，并获得国内首批"新道智慧零售金牌店长特训营"培训证书。在"财务共享特训营"中，学生学习财务人的十大职业素养、小微创业企业账务实操、报税实操、信息化课程初级实训、商贸企业账务实操等六门特训课程，为顶岗实习、就业奠定良好基础。

（4）京东社交新零售电商直播课堂。新冠疫情期间，学校与京东物流教育赋能学院创新开设"社交新零售电商直播"选修课，推出集"社交新零售电商直播理论培训+直播实战"于一体的直播课堂。师生团队向京东专家学习，经历了完

整的项目准备、理论培训、带货实战和复盘总结的电商直播流程。根据京东平台统计，5 个学生直播小组累计完成直播 26 场次，单日单组直播点赞超过 11 万次，单组累计销售额近 2000 元。学生的直播效果和带货能力特别亮眼，甚至吸引商家主动签约。

（三）组建订单班，满足大型企业长期或阶段性的人才储备需求

针对大型企业长期或阶段性的人才储备需求，开展订单班培养模式，便于将企业的岗位要求、培养目标、工作任务提前植入人才培养过程。

主要订单班如下。

（1）菜百黄金销售订单班。菜市口百货被称为"京城黄金第一家"。自 2006 年起，北京财贸职业学院与北京菜市口百货股份有限公司合作建立了"菜百黄金销售订单班"，双方组建联合教研室，按照菜市口百货黄金店的岗位要求共同培养学生，并将获取黄金珠宝鉴定证书及真实岗位的营业定额作为学生的考核标准，使学生的职业能力得到快速提升。

（2）北京环球度假区人才储备班。环球影城是北京城市副中心重大建设项目。在政府的牵头下，2020 年 7 月，学校与北京国际度假区有限公司合作签订"北京环球度假区人才储备班"战略合作协议，实施订单人才培养，定向招生、联合制定人才培养方案。

（四）开展"引企入校"实训项目，在真刀实枪中锻炼工作能力

对于企业规模小，工作环境要求灵活，但工作任务或工作项目具有真实性、生产性特征的合作企业，开展"引企入校"合作育人模式。

主要"引企入校"实训项目如下。

（1）艺树工作室。艺树工作室借鉴企业管理模式和工作流程进行规范化管理，实行从企业引入真实项目和资金，接受企业项目签订正式合同，企业付给相应酬金的运营机制，实施以教师为主导、以专业学生为主体、以专业技术应用为

核心的开放式实践教学模式。真实的项目任务有效提升了学生分析问题、解决问题及创新创业的意识和能力，也让学生更具责任感，更加积极主动地学习，以呈现自己更好的技术水平和工作业绩，增强职业成就感。工作室模式大大缩短了毕业生的职业适应期，学生往往在还未毕业时就已被合作企业看中，高薪预订。

（2）会E人实践教学基地。这是由北京财贸职业学院提供基础场地及部分设施，北京优联信驰文化发展有限公司（简称"会E人"）投资办公、教学设备，在校内建立的针对会展专业人才培养的实践场所。企业在安排教师完成基地教学任务的同时，还利用企业平台优势与学校联合组织了全国高校会展专业会展项目管理实践能力邀请赛、首届京津冀会展实践技能邀请赛、2020大运河文化艺术展，组织基地学生全流程参与第23届中国北京国际科技产业博览会世界工程组织联合会（WFEO）的展台现场布置与服务工作。通过大赛、展览等形式多样的实践教学模式开拓学生的专业眼界，提升学生的职业能力。

（3）城市副中心中小企业财税服务中心。学校与中联集团合作建立智能财税生产性实训基地，面向城市副中心中小企业提供工商注册、代理记账、账务处理、纳税申报等精准会计服务，对真实的经济业务进行账务处理及纳税申报。用真实项目、任务驱动教学，让学生在学习的同时参与生产，在实战中提高专业技能与职业素养。

（4）华财智慧型会计工厂。学校与北京华财会计股份有限公司在校内合作共建"华财智慧型会计工厂"。企业教师以中小微企业的实际账务为基础，对学生进行制造企业、商业服务企业、高新技术企业等不同类型企业的代理记账会计全流程理论及实操培训。

三、"一个平台、三端发力、四种模式"的人才培养成效及经验

通过践行校企协同育人多种模式，学校适应了职业教育人才培养模式改革的需要，有效发挥了政府、企业（行业）和学校在高素质复合型技术技能人才培养

中的作用，形成了育人合力，让"产教融合、校企合作"落地生根、开花结果，人才培养取得显著成效。

多年来，学校的毕业生就业率整体居于高位，稳定在99%左右，即使在2020年新冠疫情期间，毕业生就业率依然达到95.03%，较北京高校平均就业率高出5个百分点，荣获北京市高校毕业生就业工作"先进集体"称号。毕业生的薪酬待遇稳步提高，用人单位对北京财贸职业学院毕业生的满意度逐步攀升。北京财贸职业学院也被评为"全国毕业生就业典型经验高校"和"全国创新创业典型经验高校"、教育部深化创新创业教育改革示范高校、黄炎培职业教育奖"优秀学校奖"。

2019年以来，学生参加市级以上技能大赛获奖数超过100项，参加国内省级以上主要双创赛事获奖217项，其中在第十二届"挑战杯"中国大学生创业计划竞赛上，北京财贸职业学院参赛团队获得金奖2项、铜奖3项，所获"优胜杯"为北京高职院校首次荣获该项赛事奖杯。人民日报、光明日报、北京日报、北京晚报、央视频、中国教育电视台、新华网等多家媒体从不同视角报道了学校人才培养特色改革实践。

在不断探索校企合作新模式的道路上，北京财贸职业学院积累了具备可推广性的经验。一是推进资源共建共享。北京商贸职业教育集团汇集了行业、企业、学校、研究机构和社会组织等多元主体，有效整合了集团内的职业教育资源，实现了在产教融合、校企合作、社会服务、师资建设、学分互认等领域的有效合作，促进了职业院校、行业、企业和区域之间的资源共享、优势互补、共同发展。二是汇聚政、行、企合力，共育人才。学校将所有专业全部纳入校企协同育人体系改革路径，在职业教育新发展格局下构建企业深度参与、协同育人的人才培养机制，深化产教融合、校企合作，有效提升了学校的人才培养质量，提高了技术技能人才培养的针对性、适应性，提高了学生的就业能力，也为打造北京市现代服务业技术技能人才培养高地贡献了财贸经验。以上经验可供财经类高职院校和财经商贸大类专业参考。

8.3 "智能化、共享型、体验性"的实训基地建设

当前,我国正处于产业转型升级的关键节点,经济增长方式变革调整已箭在弦上,而高端技术技能人才的短缺已经成为制约我国经济高质量发展的最大瓶颈。经济社会转型发展及产业结构调整都对人才培养提出了新的要求,高端技术技能人才将成为未来人才的需求重心。探索对接产业、服务社会的深层次、全方位的贯通人才培养体制机制是保障社会经济平稳转型发展,构建技能人才稳定供给渠道的最佳实践。

北京市从 2014 年开始启动贯通培养项目,2021 年开始进行全面优化贯通培养计划,开展高端技术技能人才的贯通培养。在贯通培养人才职业能力的过程中,职业院校应从首都经济发展和产业转型升级对高精尖紧缺人才的需求出发,与大型国际企业合作开发专业课程,以职业岗位工作过程为主线,重构课堂教学与实践教学体系,营造职业化的教学环境和文化氛围,强化职业素养、职业精神和职业技能的养成与训练,为学生的可持续发展奠定坚实基础,这些都对承担其实践教学功能的实训基地建设提出了更高的要求。因此,探索和总结贯通培养项目中实训基地建设的标准具有重要意义。

北京财贸职业学院在多年的人才培养实践及贯通培养项目中,探索出了一套"智能化、共享型、体验性"的实训基地建设标准及实训实习标准,本节将进行详细介绍。

一、建设"智能化、共享型、体验性"实训基地的必要性

实训基地作为职业教育最显著的特征载体,对于提升职业教育的办学质量十分重要。现今,我国多数职业院校在实训基地的建设上仍存在数量多、质量低、校企结合不紧密、开放程度不够等特征。一般情况下,学校受资金、场地、人员

等条件的限制，所建设的实训基地仅能满足本校教学需要，其设备及场地往往与企业的生产实际不符，学生所学的实践技能也得不到本质的提升，实训基地除日常教学外几乎处于闲置状态，设备及场地使用率较低，校际、校企之间的共享性较差，造成了一定程度的资源浪费。

因此，实训基地的建设需要明确其建设定位，既能满足实践教学需要，又能使人才培养尽早与企业真实生产要求相匹配，且能实现资源的统筹规划、深度共享，并以前瞻性的布局服务于产业转型升级的智能化需求。在这种要求下，建设"智能化、共享型、体验性"的实训基地就成了解决以上难题的最优解。

实训基地分为校内实训基地和校外实训基地，因此在建设时必须考虑校内实训基地建设和校外实训基地建设两种类型，并根据人才培养规律，规划好校内外实训基地的衔接与配合，切实发挥好实训基地的作用与功能。

二、"智能化、共享型、体验性"的校内实训基地建设

（一）校内实训基地的建设目标

校内实训基地建设要遵循职业教育改革与发展规律，遵循贯通培养方式下的人才培养规律，统筹基础教育、职业教育、本科教育三个阶段职业能力递进培养的需求，进行系统化的设计，以充分满足学生在不同阶段的实训需求。

因此，校内实训基地的建设，要以学校为主体、以行业企业为支撑，吸引区域内主导企业，支柱产业、特色产业、新兴产业的龙头（领军）企业，优势企业与学校共建"产、学、研、创"一体化的"智能化、共享型、体验性"产教融合实训基地，为高端技术技能人才贯通培养提供匹配的实训环境。

（二）校内实训基地的建设原则

对于贯通培养项目的学生，满足其实践教学需要的校内实训基地建设除应具备职业性、技术性、开放性等原则外，还应坚持其在独特性方面的原则。具体表

现为以下三点。

（1）共建性原则。校内实训基地共建共享是实践教学质量提升的必然要求。职业教育作为一种与社会经济发展结合最为密切的教育类型，其人才培养必须满足行业企业的人力资源需求，这就意味着教学内容、教学条件、教学考核都必须与行业领域保持一致。随着当前产业结构的调整、行业发展的加速、新技术的进步，职业岗位标准也在不断调整，在这种情况下，只有通过校企共建，不断引入行业企业先进的资源，才能切实提升专业人才培养质量。

（2）前瞻性原则。校内实训基地的建设规划方案应充分考虑行业的技术发展趋势，实训设施和设备要适度超前，能够满足未来专业实训及不同学段下实践教学的需求，避免出现校内实训基地建成投入使用之后，后期由于软硬件的技术更新无法兼容，导致校内实训基地缺少可持续发展能力的情况。

（3）共享性原则。共享性可以是校内实训基地的各种资源在不同专业之间的相互共享，也可以是校内实训基地的各种资源在不同学段之间的相互共享。校内实训基地作为职业技能训练、职业素养养成的主要场所，按照七年贯通培养的基本思路一体化设计职业能力训练体系。根据不同学段职业能力培养目标的不同，学生可以有侧重地共享校内实训基地资源，避免校内实训基地重复建设与设备重复购置，提高校内实训基地的使用效益。

（三）校内实训基地建设标准的主要内容

1. 校内实训基地校企共建体制机制

鉴于校内实训基地的共建性原则，校企双方必须签署协议，明确资源配置、双方的责权利，形成成本分担和利益共享的机制。校企双方共同制定校内实训基地的管理制度，融入企业管理理念及文化，尽量按照企业真实的生产流程、企业文化和管理规范开展实践教学。同时，由教学专家、行业大师等组成的专业指导委员会要充分发挥校内实训基地质量监控与发展指导的作用。

2. 校内实训基地建设的基本条件

在硬件条件上，校内实训基地的建筑面积应满足相关专业学生在校内的实践教学与管理需要，专业核心技能实训设备数量充足；基地建设布局合理，有相对独立的理论授课空间，便于开展理实一体教学；环境布置要与现代企业生产服务场景相接近，有机融合传统文化、企业文化、安全生产规程等专业文化环境，形成真实（仿真）的职业氛围；实训设施和设备先进，具有一定的技术前瞻性，能够体现行业新设备、新工艺、新技术等的发展水平，并能持续进行设备更新、资源优化整合。总之，校内实训基地的建设要能满足贯通培养项目学生职业技能和综合实践能力训练的需要。

在教学资源上，应建有与专业教学配套的数字化实训平台和技能教学资源库；整合行业、企业、学校的课程资源，尽可能包括真实的生产过程、工艺流程和工作现场等资源，具备行业标准资源库、实训项目资源库、专业仿真教学软件、虚拟仿真实训平台、专业实训软件，能够有效支撑贯通培养项目不同阶段的实践教学。校企双方共同开发针对贯通培养项目学生的课程标准、实训指导书，以及与职业岗位能力要求一致的实训项目。另外，要重点关注贯通培养项目学生的新技术应用能力。大数据、人工智能、物联网、云计算、区块链、虚拟仿真等现代信息技术手段的发展，对校内实训基地的建设提出了新的要求。提高校内实训基地的信息化、数字化、智能化、智慧化水平，配套开发技术赋能新课程、数字化技术性课程，让学生在校内实训基地的实训过程中就能了解和掌握新技术的应用情况，进而提高职业能力培养的技术跟随度。

在师资条件上，应配备数量足、结构优、素质高、能力强的专兼职实训教师队伍，通过组建"校企联合教研室"等方式，支持企业技术和管理人才到学校任教，支持学校教师定期到企业实践锻炼，充分满足实践教学与指导需要。对于承担贯通培养项目职业教育阶段实践教学任务的教师，要具备将行业前沿渗透到教学中的能力，能够及时关注行业发展趋势，在实践教学中引入国内外先进的理论、技术、工艺、管理等教学内容，同时要善于激发学生的科研兴趣和创新意识。而对于本科教育阶段教师的选拔，则侧重理论研究、技术研发、创新发展的能力，能够指导学生独立解决复杂问题和技术操作难题。

3. 校内实训基地的实践教学体系

贯通培养项目不是各学段的简单叠加，而是将基础教育阶段、职业教育阶段、本科教育（境外高等教育）阶段的资源整合与协同，以培养高端技术技能人才，共同有序开展教育工作。这一特点也就决定了贯通培养项目的实践教学体系必须区别于以往高职教育独立阶段的实践教学体系，应按照七年贯通培养的基本思路设计人才培养路径，以体现职业性、国际化、集群化、创新性、发展性等原则，整体优化、系统设计实践教学体系。各个专业根据国际专业人才职业能力培养规律的不同，实践教学学时分配应有所差别。

结合贯通培养项目人才培养的总目标和阶段性目标，确定各个阶段的目标：基础教育阶段的目标是使学生养成职业素养，为学生的职业发展打基础；职业教育阶段的目标是培养学生的职业兴趣，形成在某一职业岗位群内进行岗位迁移与职位提升的知识、素质和能力基础，强化职业基本技能和关键能力训练，重点培养学生的职业核心能力；本科教育阶段的目标是促进学生职业生涯的纵深发展，注重理论提升与拓展，重点培养学生技术应用、岗位创新及解决问题的能力。

因此，要充分利用校内实训基地开展职业素养、基本技能、专业技能、综合技能培养的相关实训任务，实现从基础层次到提高层次再到综合层次应用的逐级递进，形成全面提升学生专业能力、社会能力、创新能力、学习能力和发展能力的"能力递进"式贯通培养专业实践教学体系。

4. 校内实训基地的运行管理

首先，要完善管理制度，包括校内实训基地使用、开放等运行管理制度，实训设备、实训耗材管理制度，实训教师、学生等人员管理制度，技能教学研究、产学研等管理制度，校内实训基地安全操作规程等，使其向贯通培养项目的学生倾斜，集中学校优势资源支持高端技术技能人才培养。其次，要完善实践教学评价体系，包括对实践教学模式的评价、对实践教学资源的评价、对实训教师的评价、对实训学生的评价等，最终应该以学习者——贯通培养项目的学生为中心，关注其学习的全过程，通过对实践教学的各个环节进行评价，使课程内容与职业标准相对接，教学过程与企业生产过程相对接，教学内容更加贴近行业标准和要求，进而保证贯通培养项目学生的培养质量。最后，信息化保障要到位，即建成数字化教学环境，实现信息点全覆盖，网络安全、运行稳定。同时，应建立基于大数据的管理系统，保障校内实训基地的高效运行。

5. 校内实训基地的社会服务能力

校内实训基地除满足高端技术技能人才的培养需求外，还应发挥其社会服务功能，开展对外培训、职业技能鉴定、职业体验、社区服务等。例如，为其他院校的学生、企业职工、军转人员、社会人员提供技术技能培训；承担 1+X 培训与考点职能；依托专业资源，紧贴产业行业发展与技术革新前沿，协助区域内企业解决技术、管理难题，提供技术服务；面向区域内的中小学生、家长和周围社区居民设计职业体验项目，开放校园，举办职业体验活动，提升校内实训基地的社会效益和经济效益。贯通培养项目的学生也要参与到校内实训基地开展的社会服务活动或项目中，在社会实践中检验自身所学，通过"理论—实践—再理论—再实践"的循环，不断提高自身对知识、技能掌握的深度和将其运用于实际的能力。

（四）校内实训基地建设标准的指标设置

按照校企共建校内实训基地建设标准的主要内容，将校内实训基地的建设标准设置为 4 个一级指标、17 个二级指标及若干三级指标，如表 8-1 所示。

表 8-1 校内实训基地建设标准的指标设置

一级指标	二级指标	三级指标
校内实训基地建设	校企共建	企业规模
		依托专业
		生产技术和工艺水平校企契合度
		共建协议的责权利明晰程度
	硬件条件	建筑面积
		专业核心技能实训设备数量
		建设布局
		场所场景
		工位数量
		生均教学科研仪器、设备数
		设施和设备先进性（与企业实际需要相匹配、技术在一段时间内不落后）
	教学资源	实训课程资源
		实训教学文件（实训教材、课程标准、实训指导书等）
		与专业教学配套的数字化实训平台
		行业、企业标准资源库
		实训项目（与职业岗位能力要求一致）
		实训项目与专业课程体系的融合程度
		技术赋能新课程的开发
		人工智能、大数据、5G、VR、区块链等新信息技术在实践教学中的应用情况
	师资队伍	校企师资互培互聘机制
		学校指导教师的素质与能力要求
		企业指导教师的素质与能力要求
		专兼职管理人员的素质与能力要求
		学校指导教师数量
		企业指导教师数量
		专兼职管理人员数量
	实践教学体系	一体化设计
		实训课程数量
		实践教学学时
校内实训基地管理	管理制度	校内实训基地使用、开放等运行管理制度
		实训设备、实训耗材管理制度
		实训教师、学生等人员管理制度
		技能教学研究、产学研等管理制度
		校内实训基地考核、评价、奖惩制度
		校内实训基地安全操作规程

续表

一级指标	二级指标	三级指标
校内实训基地管理	运行机制	实训管理制度完善及执行情况
		基地运行经费
		校内实训基地使用率
		校内实训基地评价体系
	信息化建设	建成数字化教学环境,实现信息点全覆盖,网络安全、运行稳定
校内实训基地建设成效	人才培养成效	实训课程考核通过率(企业参与学生职业技能考核)
		学生技能大赛获奖情况
		新技术应用能力考核通过率
		X证书获取率
	学生评价	学生满意度
	企业评价	企业满意度
	学校评价	学校满意度
	社会评价	社会满意度
	政府评价	政府满意度
校内实训基地社会服务	培训服务	社会培训的项目、种类、数量
		接纳社会培训人数(或人天数)
		面向社会开放共享情况
	技术服务	为行业、企业、社区提供咨询与技术服务的种类、次数
		技术服务、咨询服务成果
		横向课题经费到账额
	合作交流服务	校际合作交流项目及活动开展情况
		对口支援

三、"智能化、共享型、体验性"的校外实训基地建设

(一)校外实训基地的建设对象

根据贯通培养项目的人才培养目标,校外实训基地依托的合作企业或行业组织应经过前期充分调研,选择规模大、管理水平高、设施先进、理念先进、经济效益好、文化氛围好、社会认可度高的企业。这些企业与贯通培养项目的专业对口,在本领域内具有较强的专业优势、较高的技术创新能力、领先的技术装备水平及较高的管理水平,能够代表同类产业的发展方向;具有较强的社会责任感,积极参与校企合作,具有接受贯通培养项目学生实训实习的条件与环境,能够为学生提供相应的实习岗位,重视实训实习学生的安全教育和安全生产。

（二）校外实训基地的建设思路

制定符合学校和基地长期、稳定合作与协调发展的统筹建设规划，将校外实训基地建设纳入学校建设发展规划，重点建设能面向多个专业的校外实训基地，提高基地的利用率。按照校企合作的紧密程度可将校外实训基地划分为战略型实训基地、紧密型实训基地和松散型实训基地，并实施分类管理，分别签订相应的校企合作协议，明确双方的责任、权利、义务，以及合作期限等相关事项。根据建设目标定位和预期成果，整合多方资源培养人才，充分发挥校外实训基地的作用。

（三）校外实训基地建设标准的主要内容

1. 校外实训基地的主要功能

在实践教学上，具备承担贯通培养项目的学生生产性实践教学的任务，为学生提供技能训练和综合能力培养的实践环境，使学生在真实环境下进行岗位实践，培养学生解决各种实际问题的能力，提高学生的综合职业素养，实现技能训练与岗位标准的无缝对接。在师资培训上，可进行学校师资的技能培训，使专业教师在实践中得到锻炼和提高，进而促进教学质量的提升。在教学改革上，配合学校合作开展工学结合人才培养模式、教学模式的改革。在创新研究上，校企双方可通过课题研究的方式来解决实际教学与企业运行中的疑难问题。

2. 校外实训基地建设的基本条件

在基础条件上，优先选择行业内具有较强影响力的龙头企业。基地在行业中有较强影响力，具有接受贯通培养项目的学生实训实习的条件与环境。在教学条件上，基地具有产教融合育人的环境，能够将企业文化、工匠精神、经营理念等融入人才培养全过程，实习管理规范，能够让贯通培养项目的学生在企业真实环境和岗位实践中得到技能训练与提升；能够创新教学方法和手段，积极推进任务驱动、项目导向等融"教、学、做"为一体的教学模式，实现课程内容与职业标准相对接，教学过程与企业生产过程相对接，评价标准与行业技术标准相对接，在工学交替、交互训教中实现贯通培养项目学生的岗位成才。在师资条件上，选拔由企业专业技术人员、能工巧匠、特聘专家，以及学校专业带头人、骨干教师等组成结构合理、规模适度、互补性强的师资团队，组建联合教研室，能够针对贯通培养项目不同阶段学生的实训需求开展实践教学与指导。

3. 校外实训基地的实践教学体系

校外实训基地和校内实训基地共同构建了完善的实践教学体系。尤其是校外实训基地建设，可以为学生创造真实的职业环境，实现真正的工学结合，使学生能够零距离接触企业先进的技术、设备，领悟企业文化，现场感受企业的用人标准，从而实现培养目标与企业需求、理论知识与实践技能、教学过程与企业生产过程的有效对接。对于贯通培养项目的学生，应充分利用校外实训基地开展职业素养、专业技能、综合技能、创新技能培养的相关实训任务，在真实的职业环境中全面提升学生的专业能力、社会能力、创新能力、学习能力和发展能力。根据学生所处学段的不同，在校外实训基地开展实训实习的侧重点也不同。高中学段的培养任务是促进学生的全面发展，夯实基础教育，该学段的学生可在校外实训基地进行企业认知、基本职业素养的认知教育与感受；高职学段的培养任务是通过校外实训基地强化学生的职业基本技能和关键能力训练，使学生具备职业迁移能力、终身发展能力及职业适应能力；本科学段的培养任务是加强专业理论的提升与拓展，重点培养学生在实际工作中应用技术、创新岗位及解决实际问题的能力。

4. 校外实训基地的运行管理

在管理制度上，要建立完善、健全的管理制度，确保管理手段先进、执行严格，从制度上保证校外实训基地的正常运行。在运行机制上，要能够满足学生实践技能、实训实习要求，以及基地自身发展、运营要求，保证校企双方互利共赢；要使质量监控体系运转良好，效果明显；要使学生实训实习管理与考核科学、规范，可操作性强，过程记录翔实、完整、全面。企业参与人才培养的深度与广度，直接决定了贯通培养项目人才培养的质量。调动企业参与的积极性，是校外实训基地建设的关键。因此，必须保障合作企业的根本利益，从企业的实际需求出发，为企业的人员招聘、员工培训、技术服务等提供有力支撑，确保企业的利益最大化，将企业的优势资源聚集到人才培养工作中，从而形成校企良性互动机制，最终实现学校、企业和学生三方共赢。在保障措施上，要通过签订校企合作协议，明确各方权利义务、人才培养成本分担、合作内容、合作方式、合作期限和争议解决等；要建立健全组织领导和运行机制，制定与实施科学有效的管理流程和规章制度，完善校企人员互兼互聘机制、实训平台协同创新机制，建立校企协同育人的长效机制；要使经费预算合理，符合经费使用规定；要有切实可行的经费管理办法，专款专用。

（四）校外实训基地建设标准的指标设置

校外实训基地建设标准的指标设置如表8-2所示。

表8-2 校外实训基地建设标准的指标设置

一级指标	二级指标	三级指标
校外实训基地建设	指导思想	校企共建
		实训实习
		校外实训基地协议
		专业的校外实训基地数量
	建设规划	总体架构与布局
		与学校发展的契合度
		功能定位
	依托企业的选择	企业规模
		管理水平
		基础设施和设备
		经济效益
		企业文化氛围
		社会认可度
	基地的建立	合作时间
		稳定性
	企业重视程度	校企合作方式
		实训实习条件及办公环境
		企业领导的态度
		企业指导教师的态度

续表

一级指标	二级指标	三级指标
校外实训基地建设	师资队伍	学校专职指导教师的素质与能力要求
		企业师傅的素质与能力要求
		生师比
校外实训基地管理	实践教学与改革	实训课程开发
		实训教材建设
		实训项目开发
		实践教学改革
	教学研究与合作	教学研究
		技术推广
	规章制度建设	学生在企业期间的管理制度
		学校指导教师的管理制度
		企业指导教师的管理制度
		效果考核与反馈机制
	运行机制与管理	管理制度执行情况
		保险落实情况
		经费投入与管理
		年培养人数
		年使用天数
校外实训基地建设成效	学生评价	学生满意度
	企业评价	企业满意度
	学校评价	学校满意度
	社会评价	社会满意度
	政府评价	政府满意度
	培养质量	吸收就业人数
		就业对口率

四、全方位育人下的实训实习标准

（一）实训实习目标

学生通过各个阶段的实训实习，具备扎实的理论基础、较强的实践能力和研究应用能力，掌握更宽泛的职业领域内岗位要求的知识、素质和能力，具备较强的职业迁移能力和终身发展能力，最终成为具有良好职业习惯与规范、较高职业素养、较强适应能力的高端精英型职业人才。

（二）实训实习条件

实训实习条件表现为以下四个方面。

第一，实训基地。校内实训基地的选择，要充分利用校企共建的校内产教融合实训基地开展校内实践教学，发挥校内实训基地的作用。校外实训基地的选择，要依托企业的标准：一是规模大、管理水平高、设施先进、理念先进、经济效益好、文化氛围好、社会认可度高；二是专业对口，具有较强的社会责任感，具有完善的工作规程和管理制度，积极参与校企合作，重视实训实习学生的安全教育和安全生产，能够为实训实习学生配备工作经验丰富的指导教师；三是在本领域内具有较强的专业优势和较高的技术创新能力，能够代表同类产业的发展方向，具有协助学生实训实习的条件与环境；四是互联网+、大数据、智能技术等催生的新企业、新岗位等。

第二，设施条件。实习企业具备能够承担学生实训实习任务的教学场地和实训实习场所，在本领域内具有领先的技术装备水平和先进的生产工艺，能够提供学生实训实习期间必要的安全保障。

第三，实习岗位。学生可以进行多岗位的专业技能训练及拓展，且在达到某一岗位技能标准时可进行更高级别的岗位实习训练。

第四，指导教师。师资队伍结构合理、规模适度、互补性强，能够满足贯通培养项目学生的教学需要。企业指导教师主要由企业专业技术人员、能工巧匠、特聘专家组成，学校指导教师主要由学校专业带头人、骨干教师组成。

（三）实训实习内容

根据校企双方前期开展的职业能力分析，归纳岗位典型工作任务，共同制定课程标准，明确实训实习项目、具体工作内容、职业技能与素养要求，协助学生进行相应的实训实习。具体来说，包括以下内容。

第一，实地感受和体验。借助实训室、实习企业的优势资源，使学生在实训室营造的职业化教学环境与氛围中,在企业真实的工作岗位和环境中进行模拟生产性实训实习,实地感受和体验企业对于高端技术技能人才的职业技能要求和素质要求。

第二,职业能力训练。根据岗位培养目标,培养学生在实际工作情境中灵活迁移知识、解决复杂问题的能力及创新意识。

第三,职业素养教育。开展职业素养教育,帮助学生实现从学校到企业的过渡、从在校生向职业人的转变,培养学生树立正确的价值观、职业精神和工作理念,为其职业生涯终身发展奠定基础。

第四,职业精神培养。职业精神与职业活动紧密联系,是具有职业特征的精神与操守,即从事这种职业应该具有的精神、能力和自觉。在实践岗位上,不仅要加强职业人才技术的培养,更要在此基础上加强"工匠精神"的培养和塑造。

(四)实训实习管理

校企双方共同制定校企合作实施办法,以各自优势保障与支持贯通培养实践教学;制定完善、科学合理的实训实习管理制度,保证有效执行;做好过程管理、监督与总结。

第九章

全面保障的教学管理

教学管理在高校的管理体系中占据重要地位。职业院校因其所具有的特殊属性，在建立相应的教学管理体系时，除了应遵循职业院校的发展规律，还应适时更新自身教育理念，根据时代发展的要求，动态调整学校的教学管理体系。本章将以北京财贸职业学院为例，介绍其在教学管理体系建设、教学管理制度创新方面的经验，并展示其教学管理实施成果，为其他院校及专业提供借鉴。

9.1 教学管理体系建设

北京财贸职业学院围绕高等学校教学管理要点，遵循职业教育办学规律，创新思维形成"先统后分，条块结合"的教学运行管理模式，建立校院两级的教学管理体系。在多年的协作中，校院两级的教学管理体系分工明确、职能清晰、运行高效，有力保障了人才培养质量，确保了教学中心地位的落实。

一、教学组织管理

（一）教学组织管理的建设目标

（1）服务校院两级管理。学校制定了完善的教学管理制度体系，包括学籍管理制度、教学运行与基本建设制度、教学质量管理制度、专业建设制度、教学改革制度、实践教学管理制度、师资管理制度等，为落实校院两级管理提供制度依据。

（2）服务扬长教育理念。为贯彻落实扬长教育理念，坚持以人为本，满足学生的专业志趣和个性化发展需要，拓宽学生的未来发展路径，学校通过修订学籍管理制度、转专业制度等，鼓励学生参加各类竞赛活动、创新创业活动、实训室开放项目，扩大其选修课自主权，为其提供二次选择专业的机会。

（3）服务多元培养模式。学校有普通三年制高职、"3+2"中高职衔接、七年一贯制贯通培养、五年一贯制高职四种培养模式。针对学生的不同特点和要求，学校制定了不同的管理制度，如普通高职和贯通培养项目的学籍管理实施细则、转专业管理办法等。

（4）服务"三个体系"建设。作为"三个体系"试点单位，学校教务处通过梳理各项教学管理工作的风险点，规范各项工作流程，制定具体标准，并将业务流程上网运行，通过信息化手段进行实时监控，有效防范各项廉政风险。

（二）制定专业建设及动态调整机制

按照"契合产业和区域设专业、集群发展建专业、动态调整管专业"的指导思想，截至 2017 年，学校开办了会计、金融管理、工商企业管理等 24 个专业，形成科技金融、智慧会计、智慧商业、文化旅游、智慧建管五大专业群，服务于科技金融、会计服务、物联网、文创、航空服务、现代建筑等 10 个北京市重点支柱产业。

（1）契合产业和区域设专业。坚持立德树人，以服务发展为宗旨，聚焦产业需求和区域发展，紧扣首都金融、商贸、旅游等现代服务业的发展脉搏，精准对接城市副中心高端商务、金融创新、文化旅游及"环球影城"等重大项目落地出现的新业态、新职业、新岗位，率先开办互联网金融、财务大数据应用等新专业。

（2）集群发展建专业。全面实施专业升级改造，明确"骨干引领、特色支撑"的专业协同、跨界整合的专业群发展思路，构建满足"知识跨界、技术精湛、能力复合"要求的职业领域课程体系，建设"智能化、共享型、体验性"实训基地，建成以财经、商贸类骨干专业为引领，以旅游、文创类特色专业为支撑，以建管、学前等新专业为补充的"雁式"专业体系。

（3）动态调整管专业。深入开展职业教育与产业发展契合度调研，建立"三年一评估"专业动态调整机制，按照"产业契合度、技术跟随度、城教融合度、校企协同度、国际对接度、利益方满意度"进行专业适应性评价，实现"培优汰劣"。

（三）制定人才培养方案

北京财贸职业学院的人才培养方案制定遵循职业教育国家教学标准，在方案制定过程中，坚持科学规范、多方参与，促进开放共享。学校每年发布指导意见，统筹规划、部署人才培养方案制定工作，注重发挥行业企业及国内外合作本科院校的作用，广泛听取各方专家的意见。

通过行业企业调研分析，确定培养具有财贸特质"有爱心、讲诚信、负责任"的发展型、创新型、复合型技术技能人才标准。以"人人是胜者"的职教理念为指导，按照人才培养目标，构建基础文化课程、职业领域课程和实践创新课程"三类型"课程体系。在课程内容上，注重政治素养、人文素养和财贸素养的养成，强调文化知识、专业知识、行业知识的融通，突出通用技能、职业能力、创新创业能力的融合，重视人工智能、大数据、虚拟现实的技术赋能。通过制定多样化的人才评价标准、教育体系和培养路径，为不同类型和特点的学生铺设个性化成才之路。

（四）建设课程及各类教学资源

多年来，学校持续开展一系列课程改革，探索扬长教育路径，促进人才培养模式改革。

（1）实施"上班式"课程，开展研学结合教学改革。从 2011 年开始，北京财贸职业学院聚焦专业核心课程改革，建设了 36 门"上班式"课程，从 2013 年开始开展 19 个研学结合课程和项目的建设。这些改革举措将工学结合理念与财经类专业特色相结合，突出培养学生的专业技能、自主学习能力和创新解决问题能力。

（2）开发 45 门"E 化"课程，提供财贸特色课程资源和专业数字资源。北京财贸职业学院带动开展智慧课堂、企业课堂、双赋能课堂等创新性的课堂教学改革试验，支持学生进行移动学习、网络学习等多种方式的灵活学习。在此基础上，自 2016 年以来，北京财贸职业学院以自己研发的"财贸在线"为平台，打造网络课堂、移动课堂和企业课堂，促进混合式教学改革和泛在学习方式的生成，取得了初步成效。第三方平台数据显示，2018 年共有 109 位教师依托智慧教学平台开展教学，开展的课程达 149 门，参与的学生约有 8620 人次，有效提升了教师的课堂教学质量。

（3）实施平台课程建设与开发。为应对生源多元化和人才培养模式多样化带来的挑战，北京财贸职业学院开发建设 22 门人文素养课程、12 门职业平台课程和 17 门职业核心能力课程，构建理实一体、平台化、模块式的专业课程体系；立项 14 个课程思政教学改革项目，将思政教育融入专业课程的教学内容和教学组织实施的过程中，充分发挥课程的育人作用。

二、教学过程管理

（一）建立课堂行为规范

北京财贸职业学院陆续出台了《教师课堂教学行为规范》和《学生课堂学习行为规范》等制度。前者明确了教师在课前备课、课堂教学、课后作业及辅导、外出实践、实训实习等各环节的工作标准，以及"首课"和"三有"课堂的教学要求；后者明确了学生在课堂纪律、课堂行为、课堂学习等各方面的要求。这些制度能够加强课堂教学管理和学习过程管理，强化师德、师风、学风建设，全面提升教学管理的质量。

（二）推进课堂教学改革

北京财贸职业学院积极推进课堂教学改革，在"上班式"课程改革的基础上，实施研学结合综合改革和"E 化"课程建设，探索实施扬长教育，逐步推进混合式教学改革，促进泛在、移动、个性化学习方式的形成，深化建设"有趣、有用、有效"的"三有"课堂，提升教师的课堂教学质量、学生的学习质量。每两年组织一次"财贸好课堂"评选活动，聚焦真实课堂，创建优质课堂，打造品牌课堂，发挥引领作用，形成品牌效应。

(三)开创"三个课堂"教学新模式

以深化 45 门"E 化"课程应用为基础,依托"财贸在线"智慧教学平台,创新构建基于互联网的智慧课堂、企业课堂、双赋能课堂"三个课堂"互通共享的教学新模式,支持学生采取多种方式灵活学习,与华财会计公司、用友新道合作开创企业课堂新模式,打造职业教育智慧学习资源和学习环境。

(四)实施"上班式"课程和顶岗实习课程化管理

按照财经商贸类专业实训特色,北京财贸职业学院建设了"六区六厅 36 间""上班式"课程实训环境。引进品牌企业文化理念、业务流程和管理规范,把行业、企业、岗位元素与课程相结合,按照实训环境企业化、核心能力典型任务化、典型任务技术化、技术训练规范化、师生关系工作化原则,开发建设财经专业职业能力训练课程,使学生在"上班式"的环境中认知岗位,学习专业知识和技能,创新性地解决工作中的难题,实现"做中学"。在顶岗实习课程中实行三对一导师制管理,顶岗实习课程化建设获得了北京市教学成果奖二等奖。

(五)升级改造实训基地,开展智能化、共享型、体验性实训课程

依托首都服务业品牌企业,北京财贸职业学院建设战略型、紧密型、松散型多类型校外实训基地 298 个。近年来,学校以人工智能、大数据、虚拟现实等新技术为引领,升级建设了"智能化、共享型、体验性"实训基地。例如,科技金融专业群与民生银行合作,共建首家校内全仿真无人银行"智慧金融体验中心";商学院与京东、永辉合作建设"智能零售体验中心";立信会计学院引进用友"财务共享"新技术,与新道合作建设"财务共享体验中心";文化旅游、智慧建管专业群与合作企业共建模拟航空服务、虚拟现实、建筑信息模型(BIM)设计、精细木工等先进性、特色化的实训基地。用信息技术、企业文化赋能的新商科职业教育实训基地,成为学校实训基地升级改造的新引擎。

三、教学质量管理

（一）建立内部质量保证体系

（1）促使全校认同现代质量理念。北京财贸职业学院建立了全员、全程、全方位的"三全"质量观，"人人是胜者"的职业教育因材施教质量评价导向，人才培养质量"市场（用人单位）一票否决权""零缺陷质量管理"等现代质量理念，并在全校范围内获得共识。

（2）建立并实施以教育教学质量为核心的内部质量保证体系。北京财贸职业学院高度重视内部质量保证体系建设，成立教育教学质量检查领导小组，独立设置教学督导与评价中心，建立校院两级督导，组织学生教学信息员队伍，落实教育教学质量保证责任；建立健全教师、学生课堂行为规范、"三有"课堂建设、督导听课等制度，促进管理规范化、科学化、专业化；加强标准建设，作为主要单位参与并牵头制定教育部《高等职业学校市场营销类专业顶岗实习标准》，建设专业、课程、实训基地、教师、学生发展标准，使内部质量保证标准体系化；聚焦课堂教学质量监控，抓"首课"，关注立德树人、课程思政、"人人是胜者"扬长教育的实施，打造"财贸好课堂"，顶岗实习课程化管理；通过内部质量促进机制，以及"专业布局与首都产业发展契合度分析"、毕业生跟踪调查等外部促进机制，实现对整个教学过程的质量监控与督导；重视人才培养工作状态数据平台的建设，科学采集与分析人才培养过程中的各项基本数据。

（二）实行多方主体参与的外部质量保证体系

在严格执行国家相关制度的同时，北京财贸职业学院及时向社会公开发布院校教育质量年报、企业参与职业教育质量年报、适应社会需求能力自评报告等报告；完善第三方评价，定期发布毕业生就业质量报告；积极开展商贸、金融、会计、旅游四大专业的社会契合度调查；开展外部社会评价，引入麦可思公司、北京市教委就业指导中心等第三方评价机构跟踪毕业生就业、用人单位对毕业生聘用等情况，为学校调整招生计划、优化专业、改进教学提供外部依据。

（三）开展内外部教学质量监控与评价

教学督导与评价中心作为北京财贸职业学院的教学质量监控与评价责任部门，严格按学校各项制度全过程监控、督导、评价教育教学。学校实施期初、期中、期末"三期"检查，用《督导简报》及时反馈检查结果；每学期开展全校网络学评教，进行学生、同行、督导、领导等多主体参与的评价，监控、指导校内外两课堂的教育教学；实行学年教学质量发布制度、"财贸好课堂"评选展示制度。

四、教学团队管理

（一）建设与培训师资队伍

北京财贸职业学院高度重视师资队伍建设，积极实施"人才强校"战略。近年来，学校坚持"外引内培"，不断充实师资队伍，使师资队伍规模逐步扩大，师资队伍结构更加合理，师资队伍质量不断提升。

（1）实施"三师"战略。学校不断推进师资队伍建设和制度创新，实施名师、导师、双师"三师"战略和"三优两师"制度，制定鼓励教师进企业实践制度、硕博进修学习制度、青年教师评优倾斜政策，完善专业技术职位晋升制度；实行培优计划，建立教师发展中心，搭建鼓励青年教师成长的科研平台，创造包括出国进修等更多的培训机会。通过多措并举，促进教师学历结构、职称结构的进一步优化和教师整体素质与能力的提升。学校教师成功立项国家社科基金研究项目，站在学术前沿，引领学术发展；一批专业骨干成为跨产学两界的专家，在同行中拥有较大影响力；一批青年教师快速成长，在教学和学术研究上崭露头角，展示活力。

（2）重视师德培养。学校通过树立师德榜样，实施师德失范一票否决制度，推动财贸素养教育与师德修炼相结合，进一步推动师德师风建设的常态化、制度化和规范化。一支新时代"敬业、专业、职业"的师资队伍正在形成，为进一步增强学校的办学实力打下坚实基础。

（3）聚焦课堂教学。课堂教学是深化课程建设与教学改革的抓手，更是推进专业升级改造的重要落脚点。2016年，学校教务处（实训管理中心）牵头举办了首届"财贸好课堂"评选活动，至今已圆满举办了两届，计划形成两年举办一届的惯例，初步形成了"财贸好课堂"的品牌效应和影响力。

（4）推进企业实践。鼓励教师进企业实践是当前新形势下职业教育发展和师资队伍建设的迫切需要。为此，学校积极实施教师深入企业实践计划，采取考察观摩、技能培训、跟岗实习、顶岗实践、在企业兼职、参与产品技术研发等形式，推进专业课程教师深入企业实践，实现实践育人。

（二）配置教学管理队伍

（1）校院两级的教学管理体系。在学校层面，北京财贸职业学院建立以教务处为核心职能部门，以教学督导与评价中心、图书馆与信息中心为教辅机构的校级教学管理机构，配备专业化的管理人员。各二级学院设立二级学院院长、主管教学副院长、系（教研室）主任、教学秘书等教学管理人员，负责二级学院的专业群（学科）建设和日常运行管理等。

（2）专业化的教务管理团队及教辅团队。教务处作为北京财贸职业学院教学管理的核心部门，下设了教学运行科、学籍科、专业建设科、实训管理中心等。其中，从事教学管理10年以上的人员达64%，专业背景集中在教育学、计算机两类专业，硕士研究生学历占比达78.6%，中级以上职称占比达71%。团队人员年龄结构合理、经验颇丰，成为学校提升教学质量，促进教学内涵建设的重要力量。

北京财贸职业学院的教学督导与评价中心负责教学质量监控、督导与评价等方面的工作，其人员带领校级专职督导（退休教授）统筹管理校教学督导工作，各二级学院还按照专任教师数10%的比例配备专兼职督导。

学校的信息技术与教育技术中心负责全校信息网络管理和教育技术设备安装、维护、使用等工作，在维护校园网络安全，开发建设网络教学资源，建设"财贸在线"网络学习平台，提升学校信息化教学管理水平等方面发挥了重要作用。

五、教学管理信息化建设

自 2008 年至今，北京财贸职业学院使用教务系统对教学运行进行全流程管理，已有十余年历史。教务系统建设的业务模块包括教学资源、教学计划、学生管理、课表编排、选课管理、成绩管理、考务管理、教学评估、教材管理、毕业管理、系统管理等，能够基于校园网/互联网为学生、教职工提供高效、便捷、实用的网络教学管理服务。

（一）实施全流程教学运行信息化管理

教学资源管理、教学计划制订及学生基础信息管理是教务系统管理的基础。高职院校有大量的实践课程、整周实训、突发性的教学调整，各专业课程与实习课程交叉为排课带来了诸多不确定性，对高职院校的排课系统提出了特殊的要求。现有教务系统将课程、班级、教师、周次、节次、场地等具体内容纳入逻辑运算，实现了科学合理的课表编排。同时，将教学管理各环节纳入计算机化、自动化运转，并引进和融入先进的教育思想、管理理念，将工作人员从繁杂、简单、重复的数据输入、传送、管理、检索等工作中解脱出来。尤其是信息的检索及统计报表的生成功能，把需要花费大量时间和精力进行的信息查询、统计、计算工作交给系统来完成，大大降低了工作强度，提高了工作效率。

（二）开展基于移动互联网技术的教务系统升级改造

随着教育改革的不断深入，职业教育的教学方案、培养模式、运行模式都发生了新的变革，现有教务系统的不足之处也日益明显，大数据、云计算、数字校园等新技术的应用，对教务系统提出了更高的要求。为此，学校教务处从 2017

年开始进行业务调研和产品调查，对学校的教学管理与服务系统进行统一升级规划，自 2018 年起具体开展教务系统的升级改造工作。新的教务系统以教学数据为基础，以服务为导向，通过信息化系统的建设实现各部门业务打通、数据充分共享，为广大师生提供优质的一站式教学服务，为各级管理人员提供贴合业务的管理助手服务，为领导提供教学决策分析服务。其作用体现在以下四个方面。

（1）业务管理一体化。基于一体化的整体规划，充分突出学校的教学管理个性化特点，形成一整套适应职业教育和贯通培养项目的教学管理与服务系统，能够适应高职学段和中职学段两个阶段的教学运行管理。

（2）教学数据一体化。对教学数据中心进行整体构建，综合设计各类培养模式的一体化数据结构，并与学校数据中心实现集成、共享，从而构建稳定、统一、高效的教学数据中心，为各业务模块的建设提供数据支持，为各级领导进行教学决策提供数据支撑。

（3）用户管理一体化。构建安全、灵活的用户管理体系，实现统一身份认证，实现各部门、各科室、各二级学院的分工与协同办公，提高各级管理人员的管理水平与办公效率，减轻工作负担。

（4）教学服务一体化。构建优质、稳定、安全、高效的信息化教学服务体系；提供跨浏览器、跨终端（PC、手机、平板）的服务，提升用户的使用体验；为广大师生提供更加完善、高效、快捷、稳定、全面的"一站式"教学服务。

9.2 教学管理制度创新

北京财贸职业学院不断探索适应职业教育的教学管理制度，积极进行教学管理制度创新，探索出了适合本校的"一三三三五"教学运行管理模式，实施 1+X 证书制度试点，为学校实现高质量发展提供了坚实保障。本节将以北京财贸职业学院的教学管理制度创新模式为例进行详细介绍。

一、教学运行管理模式

(一)"一三三三五"教学运行管理模式的内涵

"一三三三五"简单来讲,是指以扬长教育理念为引领,"管理组织体系、管理制度体系、工作流体系"三个体系支撑,"专业教学标准、课程标准、课堂质量标准"三类标准规范,"教务系统、财贸在线、工学云平台"三种平台嵌入,"智慧课堂、企业课堂、订单班、工作室、学徒制"五种形式贯穿的教学运行管理模式,如图9-1所示。

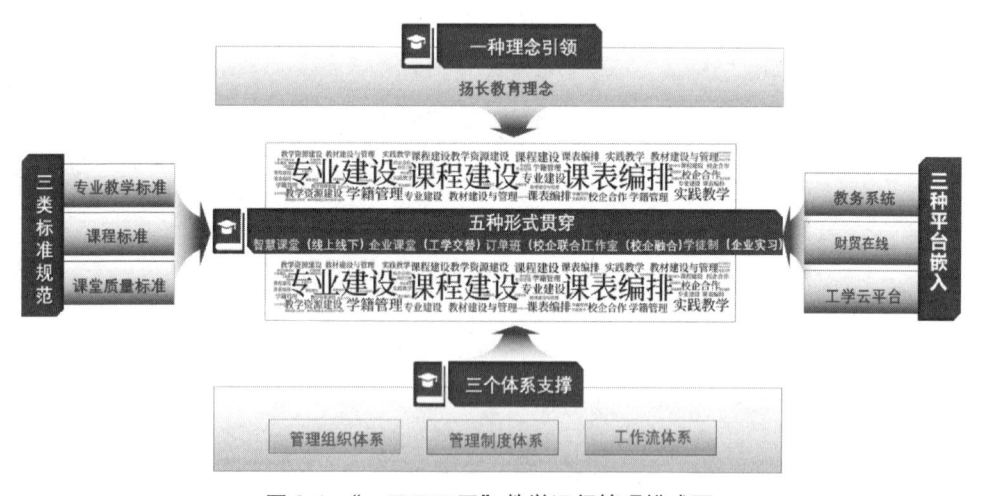

图9-1 "一三三三五"教学运行管理模式图

(二)"一三三三五"教学运行管理模式的具体内容

1. 一种理念引领

"一"是指以扬长教育理念为引领。北京财贸职业学院基于多元智能理论,实施扬长教育,倡导"人人是胜者",坚持以优长促发展,尊重学生知识、能力、素质发展的"三重节奏",以提升学生获得感为内核,因材施教、促扬长发展。为此,学校开展了FVC学业支持与指导(前文已有详细介绍):为适应生源结构多元化带来的学习需求,学校设立学业支持与指导中心,提供全学程三个阶段的学业指导服务,为学习吃力的学生提供学业帮扶,为学有余力的学生打造

"运河计划"。大一重在帮助学生适应大学学习,大二重在支持学生开展专业学习,大三重在服务学生职业生涯发展。

2. 三个体系支撑

一是精益效能,构建校院两级教学运行的管理组织体系,如图 9-2 所示。党委会定方针、把方向,院长做决策、揽全局;在教学副院长的带领下,教务处行使运行中枢的职能,激发二级学院在日常运行、专业群建设、教学改革、教材建设与选用中的主体作用;教学例会发挥日常运行的议事功能,重大事项由专业建设与教学指导委员会、教材建设与指导委员会做决策、指导和咨询,招生领导小组负责统筹招生工作。

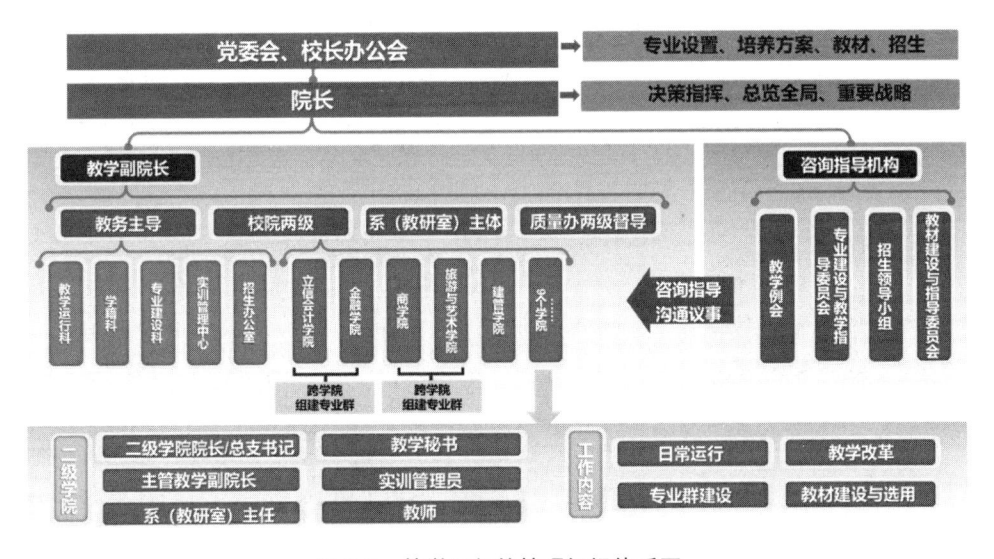

图 9-2 教学运行的管理组织体系图

二是依据通则,完善管理制度体系。以《北京市职业院校教学管理通则》为指导,近几年学校制定或修订教学管理制度 32 项,建立并完善了以课程的教学运行为中心,包含招生、专业、学籍、教改、实践教学和项目管理在内的管理制度体系,全方位保障人才培养和运行秩序。

三是遵循规律,建立五要素、三过程的工作流体系,如图 9-3 所示。校级统筹宏观层面的教学运行计划，序化教学任务，抓好资源配置；二级学院落实课堂教学规范，制定课程标准和授课计划，安排教学任务；教师执行授课计划，实施课堂教学，做好教学反思，以教学诊断促质量改进。

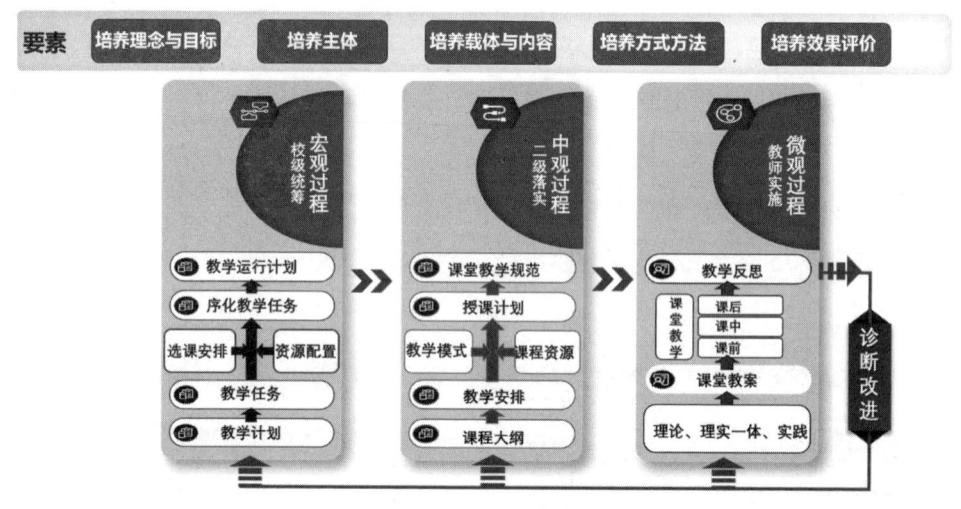

图 9-3　五要素、三过程的工作流体系图

3. 三类标准规范

一是依据专业教学标准，落实通则要求，以学习成果为导向，围绕北京市现代服务业的升级发展开展企业调研和职业能力分析，建立岗位要求、培养目标与课程体系的映射关系，制定人才培养方案。

二是修订课程标准，推进"岗课赛证"一体化育人改革，将学习成果、X证书标准、技能大赛赛点融入课程内容体系和改革考核评价方案。

三是建立课堂质量标准，发布教师课堂教学规范和学生课堂学习规范，建立期初、期中、期末三个阶段的教学检查和课堂教学督导等运行管理常规。

4. 三种平台嵌入

一是依托"教务系统"，优化排课运行、考试管理、成绩管理、学籍管理、教材选用等业务流程，提升师生的使用体验，构建稳定、统一、高效的教学数据库，为业务共享提供基础数据，为教学决策提供依据。

教务系统对教学运行体系的支持如图 9-4 所示。

管理服务规范化
通过系统进行日常教学管理，简化管理环节，强化过程跟踪和留痕，与数字校园其他业务系统深度融合，实现管理服务规范化

安全加固
建立全方位的安全保障机制；加强程序代码安全，加强数据生命周期安全；加强成绩数据安全，引入安全防护机制，防止非法篡改

数据共享
构建稳定、统一、高效的教学数据库，高效地提供各类统计报表，为各级领导进行教学决策提供数据支撑；实现数据共享，为其他业务系统提供实时准确的基础数据

提高工作效率
根据不同用户的需求，提供批量数据导入、历史数据复制、自定义报表等便捷工具，提高教师及管理人员的工作效率，提升用户交互界面的友好度

优化审核流程
培养方案、调停课、录入成绩等各种审核业务流程通过教务系统进行，按照角色进行优化，实现精确到个人的流程配置功能，教学业务在线办理

提升用户感知
优化移动端服务门户，对于人数最多的学生用户，选课、测评、课表成绩查询等全部业务都可通过移动端进行，不需要使用电脑，提升用户的使用体验

（中心圆）依托教务系统核心流程辅以OA系统实现信息化教学管理

图 9-4 教务系统对教学运行体系的支持

二是开发"财贸在线"，支持线上线下混合式教学，动态采集教学过程中的师生行为数据，为在线教学活动的管理提供支持，如图 9-5 所示。

图 9-5 "财贸在线"智慧教学平台

三是使用"工学云平台"，实现对学生岗位实习活动的全过程监控与管理。

将学生的签到、实习日志、周报、总结等任务完成与教师的指导、批阅、评价等活动搬到网络和移动端，提高实习管理效能，杜绝实习管理"放羊"。

5. 五种形式贯穿

一是智慧课堂的混合式教学。自 2019 年以来，学校实施混合式教学双百计划，百名教师、百门课程探索线上线下混合的智慧课堂教学改革。

二是企业课堂的工学交替学习。商贸类、建筑类专业普遍开设企业课堂，学生一天在企业、四天在学校，在企业设置现场教学场所。

三是订单班的校企联合教学，如环球影城人才储备班，实施学校、企业双教学场所，学校教师、企业专家双授课的教学模式。

四是工作室的项目教学。文创类专业将企业专家和企业项目引入校园，校企双师打造融合式教学团队，校内开展项目实战，孵化双创项目，研发文旅产品。

五是学徒班的企业实习。物流、金融类专业，学徒课程在企业完成，学生经过认岗、跟岗、轮岗、定岗四个阶段的实习，锤炼岗位技能。

五种形式贯穿的教学运行体系如图 9-6 所示。

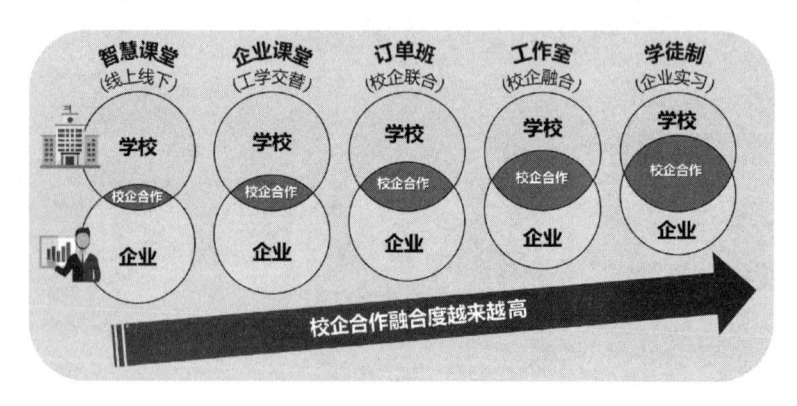

图 9-6 五种形式贯穿的教学运行体系

通过实施"一三三三五"教学运行管理模式，学校的教学秩序稳定有序，新冠疫情期间线上线下教学活动安全无事故，三教改革深入推进，教学质量得到保障。

（三）"一三三三五"教学运行管理模式的成效

（1）育人成效好，人才培养质量显著提高。在新冠疫情期间，北京财贸职业学院学生的就业率仍保持在 95% 以上，就业满意度超过 95%，毕业生升学人数占 34.99%。近几年，学生在技能大赛中获国家级奖项 170 个，学生荣获"互联网+"双创大赛金奖、"挑战杯"多项金奖，学校捧得"优胜杯"。

（2）教师进步大，积极投身课堂教学改革。通过人人参加"教师教学能力提升计划"等活动，学校获得教师教学能力比赛国赛一等奖的重大突破，在北京市高校青年教师教学基本功比赛中也取得了二等奖和最佳教案奖的成绩突破。2021年，学校 10 位教师入选新一届 9 个行（教）指委。

二、1+X 证书制度试点

根据《国家职业教育改革实施方案》《教育部办公厅 国家发展改革委办公厅 财政部办公厅关于推进1+X证书制度试点工作的指导意见》等文件精神，北京财贸职业学院开展了 1+X 证书制度试点相关工作。

（一）工作目标

以 1+X 证书制度试点工作为重要手段，服务北京"四个中心"功能定位，聚焦新技术、新工艺、新规范、新要求，深化高素质复合型技术技能人才培养培训模式和评价模式改革，为北京市现代服务业高质量发展提供人力支持。

（二）工作方式

成立"1+X 证书制度试点工作领导小组"，组长由院长担任，副组长由分管教学工作和继续教育工作的校级领导担任，成员由相关部门和二级学院负责人担任。领导小组主要负责依据国家有关 1+X 证书制度试点工作的政策和标准，研究规划并制定本校 1+X 证书制度试点工作的相关管理制度和工作方案，指导相关部门和二级学院科学、规范地开展 1+X 证书制度试点工作等。

领导小组下设办公室，办公室设在教务处（实训管理中心）。

教务处（实训管理中心）负责组织协调学历教育在校生有关的 1+X 证书制度试点工作，包括：指导各专业开展书证融通的人才培养模式改革，深化课程建设，指导、检查、督促各二级学院开展学生参训与考证工作的管理；做好职业技能等级证书信息管理服务平台的维护工作；及时汇总上报有关 1+X 证书制度试点工作的信息并留存档案；承办领导小组交办的其他事项。

各二级学院根据试点工作需要成立院级 1+X 证书制度试点工作组织机构，负责：与培训评价组织建立日常沟通机制并组织相关培训与考核；开发书证融通课程体系，深化人才培养模式改革；组织专业教师参加培训评价组织举办的合理性师资培训、研讨活动；开展职业技能等级证书考点申报工作；协助试点单位做好考核鉴定所需软硬件环境搭建工作；组织本学院学生参加对应专业 1+X 证书培训、报名和考核工作；编制 1+X 证书制度试点工作报表等。

继续教育学院负责统筹管理与 1+X 证书相关的学分银行建设与实施，指导、监督各二级学院面向社会人员开展继续教育范畴的证书培训、报名和考核工作。

（三）试点内容

（1）坚持质量优先，遴选优质证书。各二级学院要围绕高素质复合型技术技能人才培养需求，聚焦专业升级和新技术赋能，选择有实力的培训评价组织合作，有计划地进行试点申报，引进高质量 X 证书进行试点。在学生培养周期中，每个专业原则上至少开展 1 项 X 证书考核，每名学生至少考取 1 个 X 证书。

（2）推动书证融通，重构课程体系。各二级学院、各专业根据职业技能等级标准和专业教学标准要求，将证书培训内容有机融入人才培养方案，优化课程设置和教学内容，统筹教学组织与实施，深化教学方式方法改革，提高人才培养的灵活性、适应性、针对性。融入课程体系的方式包括：开发证书类模块课，融入专业进阶课或扬长进阶课；将职业技能等级标准转化为若干教学模块并纳入部分专业课程的教学内容，实现课程体系和教学内容的重构。

（3）深化校企合作，提高培训能力。深化校企合作，坚持工学结合，充分利用学校、企业的场所与资源，实施协同教学、培训。各二级学院、各专业要结合证书内容和考核标准升级改造专业实训教学条件，做好1+X证书线上线下培训教学资源的建设与开发工作，提高培训能力，开发高质量的培训课程。在面向本校学生开展培训的同时，积极为社会人员提供培训服务。社会人员自主选择证书类别、等级，在试点院校内、外进行培训。

（4）开展师资培养，提升专业能力。将职业技能等级证书中有关师资培训的考核纳入学校教师素质提高工程，积极与培训评价组织开展合作，组建来自行业企业、院校和研究机构的高素质专家队伍，开展师资培训和交流，提高教师实施教学、培训和考核评价的能力。

（5）对接试点工作，探索学分银行。将1+X证书融入学分银行体系，制定专业认证标准和学习成果转换规则，规范学习成果认证单元，加强学历教育与非学历教育课程之间的沟通与衔接。

（四）组织与实施

（1）申报程序。根据上级发布的培训评价组织、职业技能等级证书和标准，各二级学院确定申报试点的证书和专业，提交教务处审核后，统一向北京市1+X证书制度试点工作协调推进办公室申报，获批后开展试点工作。

（2）签订协议。各二级学院与培训评价组织签订协议，明确培训考核费用、双方职责、收益分配。

（3）考核报名。以试点证书为单位，各二级学院指派专人负责管理证书考点申报、考生报名、考核安排及缴费工作。每个证书确定一名证书管理人员，经主管领导审批，报送教务处（实训管理中心、招生办公室）备案，统一创建账户。

（4）组织考核。考核站点设在学校的，负责该证书制度试点工作的二级学院要与培训评价组织加强合作，严格制定考核纪律，加强过程管理，推进考核工作科学化、标准化、规范化；要建立健全考核安全、保密制度，强化保障条件，加强考点（考场）和保密标准化建设。若本校为培训站点而非考核站点，各二级学院应妥善安排学生前往校外其他 X 证书考核站点参加考核。通过考核的学生和社会人员取得相应等级的职业技能等级证书。

（5）退出机制。各二级学院对试点证书进行严格遴选，自主选择产业契合度高、社会认可度高的 X 证书开展试点工作。依据《教育部办公厅 国家发展改革委办公厅 财政部办公厅关于推进 1+X 证书制度试点工作的指导意见》中有关"建立退出机制"的内容，适时淘汰不被社会、行业、企业认可且含金量低的证书，同时递补增加新的证书。

（五）经费管理

1+X 证书制度试点工作的经费开支范围一般包括考证报名费、师资培训费、考务费、课程资源建设和服务购置的相关费用等。按照教育部有关规定，学校应统筹财政拨款、学费及其他事业收入等办学经费分担培训考核费用，保障试点学生至少参与一项职业技能等级证书的考核。

（1）考证报名费、师资培训费、考务费等作为日常经费支出，以 1+X 证书制度试点经费的名目列入各二级学院的部门预算，由财务处在年初统一下达各二级学院。考证报名费按上级主管部门核准的标准支出。承担考核站点任务的二级学院，应依据与培训评价组织签署的协议，进一步统筹用好场地、设备、耗材、人员等资源，严格执行预算，各类经费的支出应遵守学校有关财务制度。

（2）课程资源建设和服务购置的相关费用，应本着厉行节约的原则，申报项目，按项目经费管理。

在试点期内，学校承担每名学生参加单个 X 证书的每一级别（一般为初级、中级）考核的首次考证报名费。若考取第一个证书未通过（含缺考），则不支持考取第二个证书。试点期后的费用视教育部有关政策执行。如果在协议中规定了培训评价组织返还一定比例的在校生组考费，则该部分经费应在财务处的指导下，按学校有关财务制度进行核算与管理。

面向社会人员举办的 X 证书培训和考核工作，纳入学校继续教育培训工作管理。培训和考核产生的收益及分配，由二级学院与培训评价组织在协议中予以明确，相关收入按学校继续教育培训经费的管理办法执行。

反侵权盗版声明

电子工业出版社依法对本作品享有专有出版权。任何未经权利人书面许可,复制、销售或通过信息网络传播本作品的行为;歪曲、篡改、剽窃本作品的行为,均违反《中华人民共和国著作权法》,其行为人应承担相应的民事责任和行政责任,构成犯罪的,将被依法追究刑事责任。

为了维护市场秩序,保护权利人的合法权益,我社将依法查处和打击侵权盗版的单位和个人。欢迎社会各界人士积极举报侵权盗版行为,本社将奖励举报有功人员,并保证举报人的信息不被泄露。

举报电话:(010)88254396;(010)88258888
传　　真:(010)88254397
E-mail: dbqq@phei.com.cn
通信地址:北京市万寿路 173 信箱
　　　　　电子工业出版社总编办公室
邮　　编:100036